松花江유역 초기철기 문화와
夫餘의 문화기원

이종수 지음

松花江流域 初期鐵器文化와 夫餘의 文化起源

지은이_이종수
펴낸이_최병식
펴낸날_2009년 9월 30일
펴낸곳_주류성출판사
주소_서울특별시 서초구 서초동 1308-25 강남오피스텔 1309호
e-mail_juluesung@yahoo.co.kr
Homepage__www.juluesung.co.kr / www.juluesung.com /
          www.주류성.com
전화_02-3481-1024
팩스_02-3482-0656

잘못된 책은 교환해 드립니다.
ISBN 978-89-6246-031-5 93900

松花江流域 初期鐵器文化와
夫餘의 文化起源

目次

삽도 목차

표 목차

발간에 즈음하여

　유난히 집안의 내력을 중요시 하시던 아버님께서 어려서부터 들려주시던 조상들의 이야기는 나에게 고고학도의 길로 들어서게 하는 밑거름이 되었다. 그로인해 초등학교때부터 장래희망이 역사학자였고, 그러한 희망은 대학까지 이어졌다. 대학에 입학한 이후 한국고대사에 관심을 가지게 되었고, 특히 한국고대사의 뿌리라 할 수 있는 고조선, 부여, 고구려의 역사에 대해 많은 애착을 가지고 공부하였다.

　고고학과의 첫 인연은 대학 2학년때 선배들에 이끌려 공주 석장리 구석기유적 발굴조사에 참여하면서부터 시작되었다. 그 당시에는 고고학이 무엇인지도 모르면서, 그냥 선후배들과 함께 어울리는 것이 좋아 열심히 땅을 파고 흙을 날랐다. 당시 조사단장이셨던 손보기 교수님이 강가의 자갈돌을 주워와 직접 석기를 제작하면서 구석기를 강의하시던 모습이 지금도 기억에 남아 있으며, 이때부터 고고학이 참 매력있는 학문이라는 생각을 갖게 되었다. 군 제대 후에는 본격적으로 중국 동북지역의 한국고대사를 연구하기 위해 중국유학에 대한 꿈을 키우게 되었다. 대학 졸업 후에는 공주대학교 박물관 연구원으로 근무하면서 이남석 교수님과 이 훈 선생님의 지도 하에 보령 천방사지, 천안 백석동유적 등의 발굴에 참여하면서 현장조사 능력을 배양하였고, 더불어 착실하게 중국유학을 준비하였다. 그때의 인연으로 이 훈 선생님께서는 유학을 마치고 돌아온 필자를 지금의 직장에서 근무할 수 있도록 배려해 주셨다.

　1995년 7월 중국에서 유학할 학교를 결정하기 위하여 북경으로 들어

갔다. 북경대학과 장춘에 있는 길림대학을 염두해 두고 주변의 여러 대학을 돌아 본 후, 중국 동북지역 고고학을 전공하기 위해서는 현지에 있는 길림대학에 가는 것이 유리하다고 판단하여 길림대학을 선택하게 되었다. 1995년 10월 길림대학에 입학이 허가되어 심양으로 출발하는 비행기에 오르면서 10년간의 유학생활이 시작되었다.

길림대학에서의 유학생활은 어학연수부터 시작되었다. 당시 길림대학 대학원 석사과정을 입학하기 위해서는 HSK 6급 이상의 성적이 요구되었는데, 중국어를 처음 배우는 필자가 받기에는 매우 어려운 성적이었다. 다음해 5월에 있을 시험에 준비하기 위해 방학동안 만주벌판의 혹독한 추위와 싸워가며 듣고 쓰고 말하기를 반복하였다. 그 결과 7개월 만에 6급을 통과할 수 있었고, 대학원 진학 자격을 얻을 수 있게 되었다. 그러나 필자 스스로 중국 고고학에 대한 기초지식이 너무 부족하다고 판단하여 다시 1년간 길림대학 고고학과 학부 기초과목을 수강하기로 결정하였다. 두 학기에 걸쳐 1학년부터 4학년까지 모든 전공과목을 수강하면서 중국고고학의 기초를 다질 수 있었다.

1997년 7월 대학원 석사과정에 입학이 결정되었고, 전공을 고구려로 선택하였다. 그로인해 고구려 · 발해 전공자이신 魏存成 교수님을 지도교수로 모시게 되었다. 그러나 학위 과정에서 여러 차례 길림시 일대를 답사하면서 우리 고대사의 한 뿌리를 담당하고 있는 부여에 대해 관심을 가지게 되었고, 초보적인 연구단계에 머무르고 있던 부여의 기원을 파악해 보고 싶은 학문적 열망을 갖게 되어 전공분야를 부여로 바꾸게 되었다. 먼저 부여의 문화기원을 살펴보기 위해 부여의 중심지인 길림과 장춘지역의 초기철기시대 관련 자료를 수집하였다. 수집된 자료를 토대로 연구를 진행하여 2000년 「吉長地區漢代文化遺存研究」라는 제목으로 석사학위를 취득하게 되었다. 이후 박사과정에서도 석사학위 취득으로 얻은 자신감과 그 동안의 수집 자료를 토대로 부여문화에 대한 종합적인 정리와 분석을 시도하였고, 마침내 2004년 『夫餘文化研究』라는 제목으로 박사학위를 받으면서 10년간의 유학생활을 마무리할 수 있었다.

그동안 주변의 권유에도 불구하고 박사학위 논문을 책으로 내는 것에 대해 많은 회의가 있었다. 박사학위 논문을 중국어로 쓰다 보니, 한국어로 다시 번역한다는 것이 쉽지 않은 일이 되었고, 기초자료의 부족이라는 한계로 인해 필자의 견해에 대한 자신도 없었다. 이제 귀국한지 5년이 넘다보니 한국생활에 어느 정도 적응도 되었고, 그 동안 한편 한편씩 발표한 자료들을 정리하면서 책으로 출판할 필요성을 느끼게 되었고, 박사논문을 부여문화의 기원 부분과 부여 문화의 특징 두 부분으로 나누어 책으로 출판할 계획을 세우게 되었다.

이 책은 그 첫 번째로 부여의 기원과 관련하여 부여의 젖줄이며 생활 터전인 송화강유역의 청동기문화와 초기철기문화의 특징을 살펴보고, 이를 통해 청동기시대에서 초기철기시대로 전환되는 과정에서 나타나는 문화 변화양상과 부여의 문화기원에 대해 살펴보고자 한다. 이를 위해 제1장은 송화강유역의 청동기문화를 주제로 설정하였다. 이 장에서는 먼저 송화강유역의 대표적인 청동기문화인 서단산문화의 특징과 그 기원에 대해 살펴보고, 다음으로 요동지역과 서단산문화권에서 출토되는 청동기의 시간적 추이에 따른 변화 과정을 통해 동북지역 청동기문화의 변화양상을 살펴보도록 하겠다. 제2장에서는 송화강유역의 초기철기문화를 주제로 설정하였다. 먼저 제이송화강유역의 초기철기시대 문화유적에 대한 특징을 분석하여 이 지역 철기문화의 전파과정과 상호작용에 대해 살펴보도록 하겠다. 다음으로는 제이송화강 중류 길림합달령 주변에서 발견되고 있는 대개석묘 유적에 대한 세부적인 분석을 통해 이 지역 초기철기문화의 특징과 문화요소, 그리고 발전과정 등에 대해 살펴보도록 하겠다. 제3장은 부여의 문화기원을 주제로 설정하였다. 문헌기록에 부여의 출자로 적고 있는 탁리국의 소재지로 추정되고 있는 경화성지

유적에 대한 분석을 통해 부여의 문화기원을 살펴보고, 다음으로 서차구 유형 고분유적에 대한 분석을 통해 부여 초기의 문화양상을 살펴보도록 하겠다.

이 책을 꾸밀 수 있기까지 많은 분들의 도움이 있었다.

대학시절 부족한 필자가 역사학도의 길로 갈 수 있도록 지도해 주신 송병기, 김경현, 문철영, 김영제 교수님, 한말에 홍주의병장을 지내신 5대조 할아버지를 연구한다며 졸업논문을 써 간 필자에게 학문의 객관성을 이야기해 주시며 고대사 전공을 계속할 수 있도록 길을 잡아주신 한시준 교수님, 한국고대사를 전공하게 된 계기를 만들어 주시고 중국 동북지역을 함께 답사하며 한국고대사에 대한 새로운 안목을 갖게 해 주신 서영수 교수님, 고고학과 미술사의 기초를 잡아주신 한창균, 박경식 교수님, 항상 엄격하시면서도 친 할아버지 같이 돌봐주시던 故 이호영 교수님, 필자에게 고고학자의 길을 갈 수 있도록 이끌어 주시고, 학문적으로나 살아가는데 있어 항상 훌륭한 멘토가 되어주시는 하문식, 백종오 교수님, 이 모든 분들께 마음 깊이 감사드린다.

중국 유학생활 초기는 추위와 고독과의 싸움이었다. 이 힘들고 어려운 기간에 가족처럼 보살펴 주시고 배려해 주신 복기대, 권정순, 김창호 선배님, 중국 유학생활 동안 석박사 지도교수로서 뿐만 아니라 친아버지 같이 보살펴 주신 魏存成 교수님, 중국 동북지역 고고학의 기초를 다질 수 있도록 지도해 주신 林沄, 朱泓, 朱永剛, 趙賓福 교수님, 투병 중에서도 필자의 박사학위 논문을 꼼꼼하게 지도해 주셨던 故 方起東 선생님, 박사 논문을 쓰는 과정에서 많은 조언과 세심한 교정까지 맡아 주었던 박사과정 동기 潘玲 교수, 南極人을 자칭하며 함께 동북지역 곳곳을 답사했던 Mark E. Byington 교수와 Ariane Perrin 교수, 북경 문물고고연구소 서점에서 우연히 만난 인연으로 지금까지도 학문적 조언을 해 주시는 西谷正 교수님, 그리고 동북아역사문화연구소에서 동북지역 고고학 자료를 번역하면서 함께 동고동락 했던 최선화, 김성국, 이분선, 전성철군과 도면 트렌싱 작업을 함께 했던 길림대학 고고학과 01학번 학생들, 그리고 힘든 유학생활을 함께 했던 임태완, 김현구, 남궁태진, 박창돌, 권재구군에게도 진심으로 감사드린다. 그리고 부족한 글의 교정을 도와 준 정태진, 이경복, 이상엽 연구원과 책으로 출판해 주신 주류성 최병식 사장님, 편집을 맡아 주신 이 준, 박행화 선생님께도 감사드린다.

끝으로 공부의 길로 매진할 수 있도록 곁에서 끝까지 지켜보고 돌보아 주신 부모님, 힘든 유학생활을 이겨낼 수 있도록 든든한 버팀목이 되어 주신 장인장모님, 유학시절부터 지금까지 어려운 생활을 마다하지 않고 필자를 위로하고 격려해주며 함께 해 준 아내, 그리고 중국에서 몇 년을 살다 왔지만 중국생활을 기억하지 못해 아쉬워하는 찬우와 미르에게 이 책이 조그마한 위로가 되었으면 한다.

머리말

東北地域[1]의 자연지형은 서쪽의 경우 남북으로 길게 大興安嶺이 이어져 있어 자연스럽게 북방초원지대와 경계를 이루고 있으며, 북쪽 역시 북서쪽에서 남동쪽으로 비스듬하게 小興安嶺이 뻗어 있어 흑룡강 이북의 산림지대와 경계를 이루고 있다. 동쪽은 북동쪽에서 남서쪽으로 흐르는 張廣才嶺과 威虎嶺, 龍崗山脈을 경계로 牧丹江유역 및 백두산 산악지대와 경계를 이루며, 남쪽은 松遼分水嶺이 동서로 뻗어 있어 요하유역과 경계를 이루고 있다. 이들 산맥의 중앙부는 드넓은 평원지대로 松嫩平原이라 부르고 있다.

동북지역의 수계는 크게 대흥안령 북단에서 발원하여 남쪽으로 흐르는 嫩江과 백두산에서 발원하여 남에서 북으로 흐르다가 눈강과 합류한 후 다시 서에서 동으로 흐르는 松花江, 그리고 대흥안령의 남단 동록에서 발원하여 요서지역과 요동지역을 지나 발해만에 유입되는 遼河가 있다. 이 중 본고에서 다루고자 하는 송화강은 모두 두 줄기로 이루어져 있는데, 백두산에서 발원하여 길림성 중부를 동서로 가르며 남북방향으로 흐르는 강은 第二松花江이라 부르며, 제이송화강과 눈강이 합류한 후, 동쪽으로 흘러 흑룡강에 유입되는 강을 第一松花江이라 부르고 있다.

---

1) 현재 중국에서 사용되고 있는 東北地區는 행정적으로 遼寧省 · 吉林省 · 黑龍江省 · 內蒙古自治區의 東北部 일대를 가리킨다.

이 지역은 하천을 중심으로 나지막한 구릉과 평야가 이어져 있어 인간 생활을 영위하기에 적합한 자연지형을 갖추고 있으며, 이는 후대의 기록인 『三國志』魏志의 "多山陵, 廣澤, 於東夷地域最平敞.土地宜五穀, ……"[2]란 내용을 통해서도 쉽게 파악할 수 있다. 특히 송화강유역은 구석기시대 榆樹人에서 시작하여, 신석기시대 左家山文化, 청동기시대의 西團山文化, 그리고 다양한 유형의 초기철기시대문화, 초기국가 부여 등 다양한 문화가 발전과 소멸을 거듭하고 있다. 이들 문화는 한반도 고고학문화의 계통적 연원과 초기국가 형성과정을 이해하는데 있어 매우 중요한 자료로 인식되고 있다.

이처럼 송화강은 동북지역의 중심부를 종횡으로 흐르고 있어 동북지역 역사와 문화의 산실이자 젖줄이라 할 수 있다. 우리 민족의 형성과도

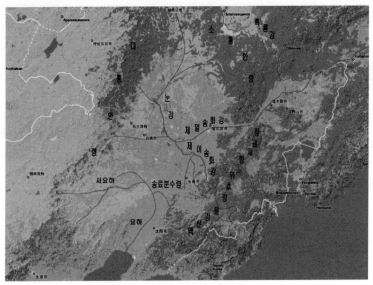

〈삽도 1〉 동북지역 지형 및 수계도

---

2) 『三國志』魏志 卷30, 烏丸鮮卑東夷傳30, 夫餘條.

밀접한 관련이 있는 이 지역은 제이송화강을 경계로 동쪽은 나지막한 구릉과 높은 산들로 이루어진 산악지대이고, 서쪽은 호수와 습지가 많은 평원지대가 펼쳐져 있다. 이러한 자연지형의 차이로 인해 두 지역의 문화는 내용상에 큰 차이를 보이고 있다.

본고는 모두 3장으로 구성되어 있다. 제1장은 송화강유역의 청동기문화, 제2장은 송화강유역의 초기철기문화, 제3장 부여의 문화기원을 다루고 있다.

제1장 송화강유역의 청동기문화에서는 먼저 송화강유역의 대표적인 청동기문화인 서단산문화의 특징과 그 기원에 대해 살펴보고, 다음으로 요동지역과 서단산문화권에서 출토된 청동기를 통해 시간적 추이에 따라 두 지역의 청동기가 어떠한 변화과정을 거치며 발전해 가는지 그 양상을 살펴보도록 하겠다.

서단산문화는 기원전 10~3세기까지 약 700여 년에 걸쳐 송화강유역에 존립했던 대표적인 청동기문화이다. 이 문화는 일찍이 국내 학계에서도 한국 청동기문화의 계통적 연원과 초기국가 형성과정을 이해하는데 있어 매우 중요한 자료로 인식되고 있다. 이러한 서단산문화의 가장 대표적인 문화지표는 서단산문화 무덤의 95%를 차지하고 있는 석관묘를 들 수 있다.

제1절 서단산문화의 기원과 영향은 『선사와고대』28집에 실린 「서단산문화 석관묘의 특징과 기원에 대하여」라는 글을 수정 · 보완한 글이다. 이 글에서는 서단산문화 석관묘에 대한 세부적인 분석을 통해 서단산문화의 특징과 기원 그리고 당시 동북지역 청동기문화의 문화적 상호 관련성에 대해 다루어 보도록 하겠다. 이를 위해 먼저 서단산문화 석관묘에 대한 기존의 발굴조사 성과와 연구 현황을 시기별로 정리한 후, 석관묘의 입지와 배치 현황, 구조와 형식, 장식과 장구, 부장품의 배치와 조합, 출토유물 등의 특징에 대해 검토해 보도록 하겠다. 마지막으로 요동지역

의 초기 청동기문화와의 비교를 통해 서단산문화 석관묘의 기원과 그 전파경로에 대해 간략하게나마 살펴 보도록 하겠다.

제2절 서단산문화와 요동지역 출토 청동기의 변화양상 검토는 『백산학보』83호에 실린 「시간적 추이에 따른 요동지역 청동기의 변화양상 검토」를 수정·보완 한 글이다. 이 글에서는 서단산문화권과 요동지역에서 출토된 청동기 현황과 그 특징을 분석해 봄으로써, 두 지역의 청동기가 시간적 추이에 따라 어떠한 변화과정을 거치며 발전해 가는지 그 양상을 살펴보는데 목적이 있다. 이를 위해 먼저 요동지역과 서단산문화의 청동기 출토 현황을 정리해 보고, 시간적 추이에 따른 청동기의 속성과 특징을 분석한 후, 청동기 종류별로 변화양상과 문화적 전파과정을 검토해 보도록 하겠다.

제2장 송화강유역의 초기철기문화에서는 먼저 제이송화강유역의 초기철기시대 유적군의 특징을 분석해 봄으로써, 당시 이 지역 고고학문화의 전개과정과 변화양상에 대해 분석을 시도해 보도록 하겠으며, 다음으로 길림합달령 주변에서 확인되고 있는 대개석묘 유적을 통해 초기철기문화의 유입과 그 발전과정 등을 살펴보도록 하겠다.

송화강유역에 중원지역의 철기가 보급되기 시작한 것은 기원전 4세기 경으로, 철기의 보급과 더불어 이 지역에 서서히 다양한 유형의 초기철기문화가 형성되고 있다. 다만 서단산문화의 중심지인 길림시 일대는 기존 청동기문화의 영향력이 여전히 지속되고 있으며, 기원전 3세기 말이나 2세기 초에 들어서야 초기철기문화가 출현하고 있다. 이 시기에 들어 송화강유역에는 모두 9개의 새로운 초기철기문화 유적군이 만들어지고 있으며, 이러한 새로운 형태의 문화유적들을 통해 당시 이 지역의 청동기시대에서 초기철기시대로의 전환기 문화적 변화상을 살펴 볼 수 있을 뿐만 아니라, 이후 길림시 일대를 중심으로 성장 발전하였던 부여의 국가 성립과정을 파악해 볼 수 있는 기초자료를 제공해 주고 있다.

송화강유역에서 발견된 9개의 초기철기문화 유적군으로는 1) 제이송화강 중류 화전과 휘남 일대의 西荒山屯 고분군을 대표로 하는 유적군, 2) 제이송화강 중류 길림시 일대의 泡子沿前山 유적을 대표로 하는 유적군, 3) 제이송화강 중류 서란 일대의 黃魚圈珠山 M1을 대표로 하는 유적군, 4) 제이송화강 중류 덕혜 일대의 邢家店 고분군을 대표로 하는 유적군, 5) 제이송화강 중류 농안 일대의 田家坨子유적을 대표로 하는 유적군, 6) 눈강하류의 대안 漢書二期文化를 대표로 하는 유적군, 7) 제일송화강 상류 조원 일대의 望海屯유적을 대표로 하는 유적군, 8) 제일송화강중류 빈현 일대의 慶華城址유적을 대표로 하는 유적군, 9) 제일송화강 중하류 수빈현 일대의 蜿蜒河유적을 대표로 하는 유적군[3] 등이 있다.

현재 송화강유역의 초기철기시대 문화유적에 대한 고고학적 조사는

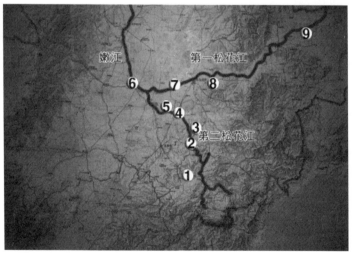

1. 서황산둔 유적군 2. 포자연전산 유적군 3. 황어권주산M1 유적군 4. 형가점 유적군 5. 전가타자 유적군 6. 한서이기문화 7. 망해둔 유적군 8. 경화성지 유적군 9 . 완정하 유적군

〈삽도 2〉 송화강유역 초기철기문화 유적군 분포도

3) 이러한 유형의 유적군에 대해 중국에서는 러시아의 뽈체문화와 동일한 문화내용을 지니고 있어 波爾彩文化-蜿蜒河類型이라 명명하고 있다.

극히 일부 유적에 대한 발굴을 제외하고는 대부분 지표조사 상태이며, 이로 인해 이 지역에 대한 연구는 아주 초보적인 단계에 머무르고 있다. 국내의 경우 2000년대 들어서야 이 지역에 대한 기존의 발굴성과를 소개하면서 초보적이나마 고찰을 시도한 글들이 발표되고 있으며,[4] 최근에는 송화강유역의 초기철기문화에 대한 관심이 늘어나면서, 이 지역의 초기철기시대 유적들에 대한 세부적인 분석을 시도하는 글이 발표된 바 있다.[5] 중국의 경우 80년대 중반 이후 서단산문화에 대한 연구가 일정한 성과를 거두면서, 서단산문화 이후에 나타나고 있는 유적들에 대해서도 관심을 가지고 연구를 시작하고 있다.[6] 이 후 각 문화 유형에 대한 개별적인 연구 논문들이 계속해서 발표되고 있다.

　제1절 제이송화강유역 초기철기시대 문화유적의 특징과 문화기원은 『백제문화』30집에 실린 「길림성 중부지역 초기철기시대 문화유적 연구」를 수정·보완 한 글이다. 이 글은 이 지역 초기철기문화 유적군의 특징과 유적군들의 문화기원 그리고 부여문화 형성에 어떠한 영향을 미치고 있는지 검토해 보는데 목적이 있다. 이를 위해 먼저 이 지역 초기철기시대 문화유적에 대한 유적조사와 연구현황을 살펴본 후, 지금까지 발표된 자료를 토대로 주요 유적을 정리해 보고, 지역별로 구분하여 각 유적군에 나타나고 있는 문화내용상의 특징을 분석하여 그 문화기원에 대해 살펴보도록 하겠다. 마지막으로 이들 유적군들이 부여문화 형성에 어떠한 영향을 미치고

---

4) 河文植, 1999, 『고조선 지역의 고인돌 연구』, 백산자료원.
　이종수, 2000, 『吉長地區漢代文化遺存研究』, 吉林大學 석사학위 논문.
　　　2001, 「길림성 중부지역 초기철기시대 문화유적 연구」『백제문화』30, 공주대학교 백제문화연구소.
5) 이종수, 2004, 「松花江流域 初期鐵器文化 研究Ⅰ-경화성지를 중심으로-」『博物館紀要』19집, 단국대학교 박물관.
　　　2005, 「松花江流域 初期鐵器時代 文化 研究Ⅱ -西荒山屯 고분군을 중심으로-」『先史와 古代』22, 한국고대학회.
6) 劉振華, 1985, 「試論吉林西團山文化晚期遺存」『東北考古與歷史』창간호.
　喬　梁, 1993, 「西團山文化之後的幾種文化遺存」『遼海文物學刊』2.

있는지에 대해서도 초보적이나마 검토를 시도해 보도록 하겠다.

제2절 대개석묘 유적과 초기철기문화의 성립 −서황산둔 고분군을 중심으로− 는 『선사와고대』 22집에 실린 「송화강유역 초기철기시대문화연구 Ⅱ −서황산둔 고분군을 중심으로−」를 수정·보완 한 글이다. 이 글은 제이송화강의 지류인 휘발하유역의 초기철기시대를 대표하는 대개석묘 유적에 대한 분석을 통해 이 지역에 초기철기문화가 어떻게 유입·형성되고 있는지를 살펴보는데 그 목적이 있다. 이를 위해 먼저 서황산둔과 그 주변지역에서 발견되고 있는 대개석묘 유적들의 개략적인 현황을 소개하도록 하겠으며, 더불어 이들 유적과 유물에 나타나고 있는 특징을 분석해 보도록 하겠다. 또한 위의 내용을 토대로 휘발하유역 대개석묘 유적과 그 주변지역 문화와의 비교를 통해 이 유적들의 계통적 연원을 검토해 보고, 마지막으로 대개석묘 유적과 부여문화와의 관계에 대해서도 살펴보도록 하겠다.

제3장 부여의 문화기원에서는 먼저 부여의 문화기원과 관련하여 탁리국의 소재지로 추정되는 경화성지와 그 주변유적에 대한 분석을 통해 부여와의 관련성에 대해 검토해 보도록 하겠으며, 다음으로 서차구유형 고분유적에 대한 분석을 통해 이 유적의 사용집단과 부여 초기문화와의 관계에 대해서 살펴보도록 하겠다.

부여는 기원전 2세기경부터 기원후 5세기(494년)까지 제이송화강 중류지역을 중심으로 발전한 고대국가로 우리 역사에서는 고조선의 뒤를 이어 두 번째로 형성된 고대국가이다. 고구려와 백제가 스스로 부여를 그들의 출자로 인식하고 있고, 발해 역시 부여 계승의식을 표방하고 있는 사실을 통해 볼 때, 부여가 고조선과 더불어 한민족 형성에 핵심적 역할을 담당했음을 확인할 수 있다. 그러나 그동안 부여는 경역지배 범위가 한반도에서 벗어나 있고, 문헌과 고고학 자료의 부족이라는 한계로 인해 한국사의 주류에서 벗어나 주변 역사로 인식되어 왔으며, 그 연구성과 역시 초보적인 단계에 머무르고 있다. 더욱이 부여의 문화기원은 우리의 역사적 정체성과 관련하여 매우 민감한 부분이라 할 수 있으며, 아직까지 이 부분에 대한 연구는 많은 이견이 존재하고 있으나, 명확한 해답을 내려주지는 못하고 있다.

부여의 문화기원과 관련하여 문헌기록에 보이는 부여의 출자인 탁리국의 소재지를 파악하는 것이 가장 중요하다고 할 수 있다. 현재 탁리국의 중심지로 추정되는 지역으로는 눈강 하류의 길림성 대안과 흑룡강성 조원 일대로 보는 견해[7]와 흑룡강성 빈현 경화성지를 탁리국의 중심지로 보는 견해[8]로 나누어져 있다. 경화성지의 경우 일부에서는 부여의 초기 도성으로 파악하는 견해[9]도 제기되고 있다.

제1절 경화성지유적과 부여의 문화기원은 『박물관기요』 19호에 실린 「송화강유역 초기철기문화 연구 I-흑룡강성 경화성지를 중심으로- 를 수정·보완 한 글이다. 이 글에서는 흑룡강성 빈현 일대의 경화성지의 조사현황과 유적과 유물에 대한 분석을 통해 부여문화와의 관련성을 파악해 보고, 이 유적이 부여문화 형성에 어떠한 영향을 미치고 있는지 살펴보도록 하겠다.

제2절 서차구 고분군의 특징과 사용집단 분석 -부여 초기문화와 관련하여- 는 『백산학보』 77호에 실린 「서차구 고분군의 성격과 사용집단에 대하여」를 수정·보완 한 글이다. 이 글에서는 먼저 부여의 남부지역에 해당하는 서풍과 요원 일대에서 발견되는 서차구유형 고분유적의 현황, 무덤의 구조와 매장양상, 출토유물의 특징을 통해 이들 유적의 문화기원 및 사용집단에 대한 분석을 통해 부여 초기문화와의 관계에 대해 검토해 보도록 하겠다.

---

7) 干支耿, 1984, 「古代槖離研究」 『民族研究』 2.

8) 王綿厚, 1990, 「東北古代夫餘部的东興衰及王城變遷」 『遼海文物學刊』 2.

9) 王禹浪, 2002, 「北夷 索離國 및 夫餘 初期王城의 새로운 고찰」 『고구려연구』 14집, 고구려연구회.

I. 西團山文化의 起源과 影響 -石棺墓를 중심으로-

서단산문화는 제이송화강유역의 대표적인 청동기문화로 길림시 서남쪽 제이송화강 연안에 위치한 해발고도 236.2m의 나지막한 산인 西團山에서 명명되었다.[10] 1948년 이 산에서 처음으로 석관묘가 발견되어 발굴이 이루어졌고, 이후 길림시 주변 지역에서 이와 유사한 유적들이 계속해서 발견되자 이를 "서단산문화"라 명명하게 되었다.[11]

1. 調査 및 硏究 現況

서단산문화 유적에 대한 조사와 발굴은 1910년대 시작되어 지금에 이르기까지 계속되고 있다. 지금까지 조사된 서단산문화 석관묘 유적은 대략 100여 곳에 이르며,[12] 이 중 발굴조사가 이루어진 유적은 23곳으로, 확인된 석관묘의 수량은 대략 400여 기에 이르고 있다.[13] 중국에서 이루어진 조사와 연구성과는 "國共戰爭"과 "文化大革命"이라는 커다란 사건

---

10) 제이송화강 수면으로부터 서단산 정상부까지의 높이는 40m 정도에 불과하다.
11) 東北考古發掘團, 1964, 「吉林西團山石棺墓發掘報告」『考古學報』1.
12) 國家文物局 主編, 1993, 『中國文物地圖集-吉林分冊-』, 中國地圖出版社.
13) 董學增, 1993, 『西團山文化硏究』, 吉林文史出版社.

을 기점으로 큰 변화가 나타나고 있다. 이러한 사회적 변화를 기준으로 조사와 연구성과를 분류해 보면 대략 3시기로 나눌 수 있다.

1) 첫 번째 시기(1910~1948년)

첫 번째 시기는 1910년대부터 국공전쟁에서 공산당이 승리하여 이 지역을 차지한 1948년까지로, 일본인들과 소수의 중국인 학자들에 의해 석관묘에 대한 초보적인 조사가 이루어진 시기이다. 이 시기 만주를 점령한 일본인들은 1918년 처음으로 서단산문화 무덤에 대한 조사를 실시하였고, 1945년 해방되기 이전까지 수차례에 걸쳐 길림성 중부지역에 대한 유적조사를 실시하여 당시 적지 않은 수의 고대유적을 발견 보고하였다.[14] 이 시기에 활동한 일본인 학자로는 八木奘三郎, 白鳥庫吉, 三上次男, 滕田亮策滕, 佐竹仲匕, 黑田原次, 山本首, 鳥山喜一 등이 있으며, 당시 서단산문화 유적에 대해 논문을 발표한 이는 三上次男과 藤田亮策 등이 있다.[15]

이 당시 중국인 학자들에 의해서도 서단산문화 유적에 대한 조사가 이루어졌는데 대표적인 학자로는 李文信과 佟柱臣을 들 수 있다. 이문신은 20년대 후반부터 30년대 초반까지 길림시의 소학교에서 미술교사로 재직하면서 고고학에 흥미를 가지고 여가 시간을 이용하여 길림시 교외의 西團山, 東團山, 龍潭山 일대에 대한 현장조사를 실시한 후, 그 결과를 발표하였다.[16] 佟柱臣은 1941년 騷達溝유적을 처음으로 발견하였고 서단산문화 석관묘 역시 그에 의해 처음으로 발굴이 이루어졌다.[17]

---

14) 이 시기에 일본인들에 의해 발간된 개설서로는 村田治郎의 『満洲史迹』, 八木奘三郎의 『満洲旧迹志』 ·『満洲考古学』 등이 있다.

15) 三上次男, 「満洲國吉林團山子의 遺迹」 『人類學雜誌』 54권 6호.

16) 李文信, 1937, 「吉林龍潭山遺蹟报告1·2·3」 『満洲史學』 第1卷2号·第3号·第2卷2号.
   李文信, 1946, 「吉林市附近之史蹟與遺物」 『歷史與考古』 1, 沈阳博物馆.
   두 글 모두 李文信, 1992, 『李文信考古文集』, 遼寧人民出版社에서 재인용.

17) 段一平·李蓮·徐光輝, 1985, 「吉林市騷達溝石棺墓整理報告」 『考古』 10, 811쪽.

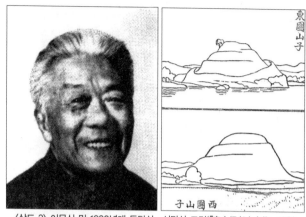

〈삽도 3〉 이문신 및 1930년대 동단산 · 서단산 도면(『李文信考古文集』 인용)

2) 두 번째 시기(1949~1962년)

두 번째 시기는 1949년부터 "문화대혁명"이 시작되기 이전인 1962년까지로, 앞 시기에 이루어진 기초자료를 토대로 서단산문화에 대한 관심이 확대되면서 길림시 일대의 대규모 석관묘 유적에 대한 집중적인 발굴이 이루어지고 있는 시기이다. 이 시기에 조사가 이루어진 대표적인 유적으로는 서단산유적, 소달구유적 등이 있다.

서단산유적은 1948년에서 1956년까지 모두 5차례의 발굴조사가 이루어져 총 36기의 석관묘가 조사되었다. 1차 발굴은 1948년 東北大學에 의해 석관묘 18기가 조사되었으며, 인골을 비롯한 다양한 종류의 유물이 출토되었다. 다음 해에 이 유적에 대한 2차 발굴이 이루어져 석관묘 9기가 조사되었다.[18] 3차 발굴은 1950년 裴文中을 단장으로 한 동북고고발굴단에 의해 석관묘 19기가 조사되었으며, 4차 발굴은 1953년 길림성 박물관에 의해 폭우로 노출된 석관묘 1기가 조사되었다.[19] 5차 발굴은 1956

---

18) 楊公驥, 1949,「西團山史前文化遺址初步發掘報告」『東北日報』 2월 11일.
　　李　洵, 1987,「1948 · 1949年西團山發掘記錄整理」『西團山考古報告集』江城文博總刊第一輯.

년 길림대학 역사학과에 의해 석관묘 2기가 조사되었다.[20]

소달구유적 역시 1948년부터 1953년까지 4차례의 발굴이 이루어져 총 28기의 석관묘가 조사되었다.[21] 1차 발굴은 1948년 동북대학에 의해 소달구 大砬子에서 석관묘 1기가 발견되어 조사가 이루어졌다. 2차 발굴은 1949년 王亞洲에 의해 20기에 달하는 석관묘가 조사되었으며, 이 과정에서 山頂大棺도 함께 조사가 이루어졌다.[22] 3차 발굴은 동북고고발굴단에 의해 석관묘 1기,[23] 4차 발굴은 1953년 왕아주에 의해 석관묘 4기가

〈삽도 4〉 1950년대 서단산 전경 및 당시 발굴된 6·7호 석관묘(『吉林市郊區文物志』 인용)

〈삽도 5〉 서단산 전경 및 석관묘 노출 모습

19) 賈蘭波, 1950,「吉林西團山石棺墓發掘」『科學通報』 1권8기.
20) 吉林大學歷史係文物陳列室, 1960,「吉林西團山子石棺墓發掘記」『考古』 4.
21) 段一平·李蓮·徐光輝, 1985,「吉林市騷達溝石棺墓整理報告」『考古』 10, 811쪽.
22) 段一平·李蓮·徐光輝, 1985,「吉林市騷達溝石棺墓整理報告」『考古』 10, 811쪽.
23) 賈蘭波, 1950,「吉林西團山石棺墓發掘」『科學通報』 1권8기.
   東北考古發掘團, 1964,「吉林西團山石棺墓發掘報告」『考古學報』 1.

조사되었다.

이밖에도 土城子遺蹟에서 26기,[24] 兩半山遺蹟에서 1기,[25] 長蛇山遺蹟에서 2기,[26] 西官山遺蹟에서 9기,[27] 蛟河縣 山頭屯遺蹟에서 4기, 小南溝遺蹟에서 2기,[28] 樺甸縣 二道甸子遺蹟에서 1기[29] 등이 조사되었다.

이 시기의 연구는 대규모 유적에 대한 체계적인 학술발굴이 진행되면서 "서단산문화"란 명칭이 만들어지고, 더불어 이 문화가 청동기시대에 속한다는 것을 입증하게 되었으며, 나아가 발굴보고서를 토대로 이 문화의 문화내용, 분포범위와 주요 유적에 대한 발전서열 등을 모색해 보는 기초적인 연구가 이루어지고 있다. 이 시기의 대표적인 연구자로는 佟柱臣, 賈蘭波, 張忠培 등이 있다.[30] 이 후 10년 동안 '문화대혁명(1966~1976)'을 거치면서 문화적 암흑기를 지나고 있다.

〈삽도 6〉 소달구유적 전경 및 석관묘 석재 노출 모습

24) 吉林市博物館, 1957,「吉林江北土城子古文化遺址及石棺墓」『考古學報』1.
25) 康家興, 1955,「吉林兩半山發現新石器時代文化遺址」『考古通迅』4기, 60쪽.
　　張忠培, 1964,「吉林兩半山遺址發掘報告」『考古』1.
26) 吉林省文物工作隊, 1980,「吉林長蛇山遺址的發掘」『考古』2.
27) 劉法祥, 1960,「吉林省永吉縣旺起屯新石器時代石棺墓發掘簡報」『考古』7.
28) 匡　瑜, 1964,「吉林蛟河縣石棺墓清理」『考古』2.
29) 康家興, 1956,「吉林省樺甸二道甸子發現石棺墓」『考古通迅』5.
30) 이 시기의 연구논문으로는 다음과 같은 글을 참고 할 수 있다.
　　佟柱臣, 1955,「吉林的新石器時代文化」『考古通迅』2.
　　＿＿＿, 1959,「吉林省新石器文化的三種類型」『考古學報』3.
　　賈蘭波, 1963,「西團山人骨的硏究報告」『考古學報』2.
　　張忠培, 1963,「吉林市郊古代遺址的文化類型」『吉林大學社會科學學報』1.

3) 세 번째 시기(1975~현재)

세 번째 시기는 "문화대혁명"이 거의 끝나가는 1975년부터 현재까지로, 그 동안 이루어지지 못했던 고고학 조사와 발굴이 폭발적으로 늘어나고 있으며, 조사범위 역시 길림시 일대는 물론 그 주변지역까지 폭 넓게 확대되고 있다. 이 시기에 조사가 이루어진 대표적인 유적으로는 星星哨遺蹟·猴石山遺蹟·狼頭山遺蹟 등을 들 수 있다.

성성초유적은 성성초 저수지의 수위가 내려가면서 처음 확인되었으며, 3차례의 발굴을 통해 총 123기의 석관묘가 조사되었다. 1·2차 발굴은 1975년부터 76년까지 吉林市 文物管理委員會와 永吉縣 星星哨 水庫管理處에 의해 석관묘 37기가 조사되었으며,[31] 3차 발굴은 1978년 吉林市 博物館과 永吉縣 文化館에 의해 86기의 석관묘가 조사되었다.[32]

후석산유적 역시 3차례의 발굴을 통해 총 173기의 석관묘가 조사되었다. 1차 발굴은 1976년 吉林地區 考古短訓班에 의해 석관묘 13기가 조사되었으며,[33] 2·3차 발굴은 1979년부터 1980년까지 길림성 문물고고연구소와 길림시 박물관에 의해 모두 160여 기에 이르는 석관묘가 조사

〈삽도 7〉 성성초유적 전경 및 저수지 주변 석관묘 노출 모습

---

31) 吉林市文物管理委員會 等, 1978, 「永吉星星哨水庫石棺墓及遺址調査」『考古』3.
32) 吉林市博物館 等, 「吉林永吉星星哨石棺墓第三次發掘」『考古學集刊』第3集.
33) 吉林地區考古短訓班, 1980, 「吉林猴石山遺址的發掘」『考古』2.

되었다.[34] 낭두산유적에서는 1983년 길림시박물관에 의해 2기, 1984년 2차 발굴에서 10기, 1987년 3차 발굴에서 2기 등 총 14기의 석관묘가 조사되었다.[35]

이밖에도 이 시기에 조사된 석관묘 유적으로는 磐石縣 小西山遺蹟에서 3기,[36] 磐石縣 汶水後山遺蹟에서 2기,[37] 泡子沿前山遺蹟에서 11기,[38] 永吉縣 小團山遺蹟에서 5기, 東梁崗遺蹟에서 7기,[39] 雙陽 萬寶山遺蹟에서 1기,[40] 雙陽 孤頂山遺蹟에서 2기[41] 등이 있다.

이 시기는 대규모의 발굴조사를 통해 얻어진 자료를 토대로, 서단산문화에 대한 종합적인 연구가 이루어지고 있다. 즉 이 시기에 들어서면서 서단산문화의 무덤형식 · 출토유물 · 종족 · 경제생활 등에 대한 전문적인 연구가 진행되었으며 더불어 일정한 성과를 도출해 내고 있다. 이 시기의 대표적인 연구자로는 董學增, 劉景文, 朱永剛 등이 있다.[42] 그러나

〈삽도 8〉 후석산유적 전경 및 주거지 · 석관묘 발굴 모습

34) 吉林省文物考古研究所 · 吉林市博物館, 1993, 「吉林猴石山遺址第二次發掘」 『考古學報』 3.
35) 吉林市博物館, 1984, 「吉林市郊二道水庫狼頭山石棺墓之發掘簡報」 『北方文物』 4.
36) 吉林省文物工作隊, 1984, 「吉林磐石吉昌小西山石棺墓」 『考古』 1.
37) 張志立 · 王洪峰, 1982, 「磐石縣汶水後山石棺墓淸理簡報」 『文物考古匯編』, 吉林省文物工作隊 내부자료.
38) 吉林市博物館, 1985, 「吉林市泡子沿前山遺址和墓葬」 『考古』 6.
39) 吉林市博物館, 1983, 「吉林口前藍旗小團山, 紅旗東梁崗石棺墓淸理簡報」 『文物』 9.
40) 許彦文, 1984, 「吉林雙陽萬寶山石棺墓」 『黑龍江文物叢刊』 3.
41) 長春市文物管理委員會辦公室編, 1988, 「雙陽孤頂山石棺墓淸理及遺址調査簡報」 『長春文物』 2집.
42) 이 시기에 발표된 주요 연구논문을 연도별로 정리해 보면 다음과 같다.
　　劉振華, 1982, 「試論吉林西團山文化晚期遺存」 『東北考古與歷史』 1.

이러한 조사와 연구는 80년대 후반 들어서면서 그 동안의 연구성과가 종합정리 되면서 점차 줄어드는 경향이 나타나고 있다.

한국의 경우 서단산문화에 대한 연구는 90년대 들어 시작되었다. 중

董學增, 1983,「關于西團山文化的新資料」『黑龍江文物叢刊』4.

_____, 1983,「試論吉林地區西團山文化」『考古學報』4.

劉景文, 1983a,「西團山文化墓葬類型及發展序列」『博物館研究』1.

劉景文, 1983b,「西團山文化經濟形態初探」『黑龍江文物叢刊』1.

趙承澤, 1983,「星星哨石棺墓織物殘片的初步探討」『考古學集刊』3.

劉景文, 1984,「試論西團山文化中的青銅器」『文物』4.

董學增·李樹田, 1984,「略談西團山文化的族屬問題」『東北師大學報』2.

董學增, 1985,「略談西團山文化及其與遼東青銅文化的異同」『遼寧省丹東·本溪地區考古學術討論會文集』.

_____, 1985,「試論西團山文化所反映的社會性質」『遼寧省丹東·本溪地區考古學術討論會文集』.

劉景文·張志立, 1985,「西團山文化及其族屬」『北方文物』2.

潘其風·韓康信, 1985,「吉林騷達溝石棺墓人骨的研究」『考古』10.

張錫瑛, 1986,「試論騷達溝山頂大棺的文化性質」『考古』6.

李健才, 1986,「關于西團山文化族屬問題的檢討」『東北史地考略』, 吉林人民出版社.

董學增, 1987a,「西團山文化的東界在張廣才嶺南端威虎嶺以西的新證」『博物館研究』3.

_____, 1987b,「試論西團山文化人們的埋葬習俗」『考古』6.

宋玉彬, 1989,「試論星星哨墓葬的分期」『博物館研究』3.

董學增, 1991,「西團山文化的西界在伊通河與東遼河流域的新證」『博物館研究』1.

_____, 1991,「試論西團山文化的裝飾品」『考古』9.

劉景文, 1991,「西團山文化的農牧業發展探索」『北方文物』2.

朱永剛, 1991,「西團山文化墓葬分期研究」『北方文物』3.

董學增, 1992,「西團山文化分布的南界地域在輝發河·飲馬河·伊通河上流」『西團山文化學術 論文集-江城文博總刊第三輯』, 吉林市博物館.

_____, 1992,「西團山文化的北界在拉林河上·中流的左岸」『西團山文化學術論文集-江城文博總刊第三輯』, 吉林市博物館.

_____, 1992,「西團山文化居住研究」『考古』6.

_____, 1992,「試論西團山文化所反映的狩獵」『西團山文化學術論文集-江城文博總刊第三輯』, 吉林市博物館.

_____, 1992,「試論西團山文化的來龍去脉」『西團山文化學術論文集-江城文博總刊第三輯』, 吉林市博物館.

武國勛, 1992,「西團山文化不是肅愼文化」『西團山文化學術論文集-江城文博總刊第三輯』, 吉林市博物館.

張萬鑫, 1992,「試論吉林地區原始文化中的居住習俗」『西團山文化學術論文集-江城文博總刊第三輯』, 吉林市 博物館.

金旭東, 1993,「西團山文化辨析」『青果集』, 智識出版社.

陳 雍, 1993,「西團山文化陶器的類型學與年代學研究」『青果集』, 智識出版社.

朱永剛, 1994,「西團山文化源探索」『遼海文物學刊』1.

국에서는 이미 연구가 완성단계에 이르고 있는 시기에 한국에서는 이러한 자료들이 소개되기 시작하였고, 이 자료들을 토대로 초보적인 수준의 연구가 진행되었다. 초기의 연구는 대부분 한국의 초기국가 성립과 직접적인 관계가 있는 예맥 혹은 부여와 관련하여 서단산문화를 파악하려는 연구경향이 나타나고 있다.[43] 2000년대에 들어서는 기존의 연구단계를 뛰어넘어 좀 더 구체적이고 체계적인 연구성과를 도출해 내고 있는데, 특히 서단산문화의 연대편년·분포범위 등에 대해 기존의 중국학계 학설과는 다른 견해를 제기하는 수준에 이르고 있다.[44]

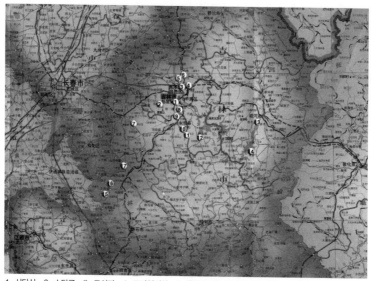

1. 서단산 2. 소달구 3. 토성자 4. 포자연전산 5. 후석산 6. 장사산 7. 성성초 8. 양반산 9. 낭두산
10. 소단산 11. 동량강 12. 왕기둔 13. 팔항지 14. 소남구 15. 소서산 16. 문수후산 17. 만보산

〈삽도 9〉 서단산문화 석관묘 출토유적 분포도

43) 최무장, 1992, 「濊貊과 西團山文化」『韓國史學論叢』上, 수촌 박영석교수화갑기념논총간행위원회.
　　 _____, 1994, 「濊貊族의 西團山文化論」『민족문화의 제문제』, 우강권태원교수정년기념논총.
　　 박상빈, 1996, 「중국동북지방의 西團山文化研究」, 檀國大 대학원 석사학위논문.
　　 정상석, 1997, 「西團山文化와 初期夫餘」, 동아대 대학원 석사학위논문.
44) 정대영, 2002, 『中國東北地區青銅器時代石棺墓遺蹟의 考古學的 研究』, 中國社會科學院 박사학위 논문.

북한학계에서는 80년대 중반부터 서단산문화에 대한 연구가 시작되고 있으며, 대부분 비파형단검문화와 관련한 연구가 주를 이룬다.[45] 일본에서는 서단산문화에 대한 직접적인 연구와 더불어[46] 부여의 문화와 관련하여 간접적인 연구도 함께 이루어지고 있다.[47]

2. 文化內容상의 特徵

1) 석관묘의 구조와 형식

(1) 입지

무덤의 입지는 무덤을 축조한 당시 사람들의 생활영역과 깊은 관련이 있으며, 그들의 활동범위를 알 수 있는 중요한 자료이다.[48] 무덤의 입지는 자연지세에 따라 평지·구릉 사면·산 정상부 등으로 나눌 수 있는데 서단산문화 석관묘의 경우 대부분 나지막한 구릉 사면부에 입지해 있는 특징을 보인다.[49] 구릉 사면에 입지한 무덤은 축조방식에 따라 다시 인공적으로 대지를 만들고 그 위에 무덤을 축조한 경우와 구릉의 자연 사면을 그대로 이용한 경우로 구분할 수 있다. 이밖에도 극소수이기는 하나 토성자유적과 같이 강가 하안평지에 위치해 있거나 혹은 소달구 산정대

---

45) 북한에서 발표된 연구논문은 다음과 같다.
　　리병선, 1966, 「압록강 및 송화강 중·상류 청동기시대문화와 그 주민」『고고민속』 3.
　　황기덕, 1986, 「길림, 장춘 지방 비파형단검문화의 연대에 대하여」『조선고고연구』 3.
　　박진욱, 1987, 『비파형단검문화에 대한 연구』, 과학, 백과사전출판사.
　　＿＿＿, 1987, 「길림, 장춘 지방의 좁은 놋단검관계 유적유물의 성격(1)」『조선고고연구』 3.
　　＿＿＿, 1988, 「길림, 장춘 지방의 좁은 놋단검관계 유적유물의 성격(2)」『조선고고연구』 1.
　　김동일, 1988, 「돌관무덤에 대하여」『조선고고연구』 1.
46) 三宅俊彦, 1992, 「西團山文化の墓葬に關する硏究」『駒澤史學』 44.
47) 田村晃日, 1987, 「新夫餘考」『靑山考古』 5.
48) 허문식, 1999, 『고조선지역의 고인돌 연구』, 백산자료원.
49) 星星哨·西團山·小團山·東梁崗·騷達溝·旺起屯·狼頭山·長蛇山·猴石山유적 등이 이에 속한다.

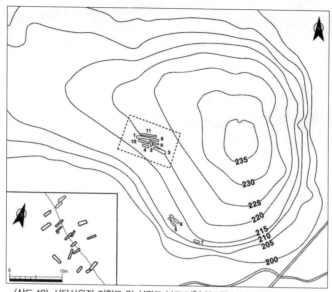

〈삽도 10〉 서단산유적 지형도 및 석관묘 분포도(「吉林西團山石棺墓發掘報告」 인용)

관의 예처럼 구릉 정상부에 위치해 있는 특수한 경우도 보이고 있다.

고분군의 규모와 수량은 유적에 따라 다르게 나타나고 있다. 길림시 일대 고분군의 경우 그 규모가 크고 수량 역시 매우 많은 특징이 나타나고 있다. 예를 들면 성성초의 경우 총 86기의 석관묘가 구릉 하단부에서 구릉 정상부까지 넓게 분포되어 있고, 후석산의 경우 총 163기의 석관묘가 전체 산비탈에 걸쳐 분포되어 있다. 이밖에도 서단산 36기 · 소달구 24기 · 토성자 26기 · 포자연전산 11기 등 대부분 무덤들이 군을 이루고 있다. 이들 무덤은 그 밀집도가 매우 조밀하여 무덤 간의 거리가 가까운 것은 10cm인 것, 무덤의 앞뒤가 서로 붙어 있는 경우와 두 개의 무덤이 중복된 현상 등이 확인된다. 그러나 길림시 일대를 제외한 주변지역의 경우 무덤의 수가 10기 이내이며, 무덤 간의 간격 역시 넓게 형성되어 있다. 무덤의 방향은 무덤군이 축조되어 있는 능선의 등고선방향과 대략 일치하며, 두향은 대부분 산 정상부를 향해 있다. 이밖에도 고분군 주변에 무덤을 축조한 집단이 생활하였던 주거유적이 함께 발견되고 있는 특징을 보이고 있다.

(2) 구조와 형식에 대한 제 견해

석관묘의 축조방법은 먼저 장방형의 구덩이를 파고 판석 혹은 괴석을 이용하여 벽면을 조영하고 있다. 바닥은 생토면을 그대로 이용하거나 일부는 판석을 깔고 있다. 덮개돌은 몇 개의 커다란 판석이 사용되고 있다. 벽면과 바닥에 판석이 사용될 경우 장축은 3~5매, 단축은 1매의 판석이 사용되며, 바닥에는 4~7매의 판석을 일렬로 깔고 있다. 일부 석관묘에는 석관의 끝 부분에 판석을 세워 부관시설을 만들고 있다. 석관의 규모는 일반적으로 길이 150~260cm, 폭 30~100cm, 깊이 20~90cm이다. 지금까지 확인된 석관묘 중 규모가 가장 큰 것은 길이가 360cm, 가장 작은 것은 길이가 120cm이다. 이렇게 작은 규모의 석관은 아동을 매장하기 위한 용도로 사용되고 있다.[50]

서단산문화 석관묘의 유형과 형식에 대해서는 이미 여러 학자들에 의해 분류된 바가 있다. 석관묘의 형식 분류 기준은 크게 벽면을 쌓은 방법, 바닥시설의 유무, 부관의 유무, 부관의 방향, 점토 테두리의 유무 등을 통해 나누고 있다.

기존의 연구결과를 간략하게 정리해 보면, 劉景文은 석관묘의 형식을 벽면의 구축 방법에 따라 A·B·C 3형으로 분류하고, 기타 요소들을 통해 다시 몇 가지 식으로 나누고 있다. 간략화된 석관묘의 경우 전형적인 석관묘와는 다른 또 하나의 묘제로 분류하고 있다. A형은 석관의 네 벽면을 판석으로 세워 장방형 혹은 사다리꼴 형태로 만든 석관묘이다. A형은 다시 4식으로 나눌 수 있는데, I식은 네 면만 판석을 세운 것, II식은

---

50) 星星哨 AM32에서 아동의 인골이 출토됨.

바닥에 판석을 깔고 그 위에 판석을 세운 것, Ⅲ식은 Ⅱ식과 동일한 구조이나 석관 끝에 부관이 직선으로 설치된 것, Ⅳ식은 부관이 측면에 설치된 것이다.

B형은 석관의 양쪽 벽면을 크기가 다른 塊石을 이용하여 쌓고, 석관의 앞뒤는 장방형의 판석을 세워 만든 석관묘이다. B형은 모두 7식으로 나눌 수 있는데, Ⅰ식은 바닥시설이 없는 것, Ⅱ식은 바닥시설이 있는 것, Ⅲ식은 Ⅰ식과 동일한 구조이나 석관 바닥에 점토 테두리가 확인되는 것, Ⅳ식은 Ⅱ식과 동일하며, 바닥에 점토 테두리가 확인되는 것, Ⅴ식은 Ⅳ식에 부관이 딸린 것, Ⅵ식은 Ⅱ식과 동일하며, 부관이 괴석으로 만들어진 것, Ⅶ식은 Ⅰ식과 동일하며, 부관이 3개의 판석으로 만들어진 것이다.

C형은 석관의 네 벽면을 다듬지 않은 괴석을 이용하여 장방형 혹은 사다리꼴 형태로 쌓아 올린 석관묘이다. 이 형식은 다시 4식으로 나눌 수 있는데, Ⅰ식은 B형Ⅰ식과 동일한 것, Ⅱ식은 바닥에 판석이 깔려 있는 것, Ⅲ식은 바닥에 점토 테두리가 확인되는 것, Ⅳ식은 B형Ⅱ식과 동일한 것이다.

簡化石棺墓는 일종의 토석혼축형태 무덤으로 전체 무덤의 3%에 불과하다. 이 형식의 무덤은 대부분 다른 종류의 석관묘들과 혼재되어 발견되며, 단독으로 무덤군을 이루고 있는 경우는 지금까지 발견된 예가 없다. 간략화 석관묘는 모두 4식으로 나눌 수 있는네, Ⅰ식은 묘광의 앞쪽 머리 부분에 판석이 한 매 깔려 있고 뒤쪽 단축 면에 커다란 판석이 세워져 있으며 덮개돌이 없는 것, Ⅱ식은 묘광의 앞쪽과 뒤쪽에 각각 하나의 장방형 판석이 세워져 있고 상부에 덮개돌이 있는 것, Ⅲ식은 묘광 앞부분에 두 매의 판석이 깔려 있고 뒤쪽 단축 면에 한 매의 판석이 세워져 있으며 덮개돌은 없는 것, Ⅳ식은 묘광 둘레에 괴석이 듬성듬성 놓여 있는 것이다.[51]

朱永剛은 서단산문화 석관묘를 A · B · C · D의 4형식으로 분류하였다. A형은 판석만을 이용해 만든 石板石棺墓로 劉景文의 A형과 같고, B형은 판석과 괴석을 혼축하여 만든 石塊石板混築石棺墓로 유경문의 B형에 해당한다. C형은 괴석만을 이용해 쌓은 石塊壘築石棺墓로 유경문의 C형과 같고, D형은 簡化石棺墓로 유경문의 簡化石棺墓에 해당된다.[52]

박상빈은 석관묘를 3형식으로 분류하고 있는데, 1형은 판석을 세워 만든 것이고, 2형은 판석이나 괴석을 쌓아 만든 것, 3형은 간략화 된 석관묘이다. 이러한 형은 다시 바닥시설과 점토 테두리의 유무에 따라 1형은 1-1식과 1-2식으로 나누고 있으며, 2형은 2-1식 · 2-2식 · 2-3식으로 나누고 있다. 이들 석관묘는 다시 부관의 유무와 부관의 구조 차이에 따라 1형은 1-1-1과 1-1-2로 나누고, 2형은 2-1-1 · 2-2-1 · 2-3-1로 나누고 있다.[53]

三宅俊彦은 서단산문화 석관묘를 A · B 두 형식으로 분류하고 있는데, 바닥시설이 있는 것은 A형, 바닥시설이 없는 것은 B형으로 나누고 있다.[54]

위의 내용을 종합하여 서단산문화 석관묘의 형식구분을 시도해 보면, 먼저 석관묘에 사용된 돌의 형태에 따라 4가지 형으로 나눌 수 있다. 1형은 판석만을 사용하여 축조한 판석식 석관묘, 2형은 판석과 괴석을 혼합하여 축조한 판괴혼축식 석관묘, 3형은 괴석만을 사용하여 축조한 무덤은 괴석식 석관묘, 4형은 소량의 괴석만을 사용하여 축조한 무덤으로 간략식 석관묘이다. 이러한 4형의 석관묘는 다시 바닥시설의 유무, 부관의 유무, 점토 테두리의 유무, 부관의 방향 등에 따라 6가지 식으로 분류할

51) 劉景文, 1983a,「西團山文化墓葬類型及發展序列」『博物館研究』1.
52) 張博泉 · 魏存成 主編, 1997,『東北古代民族 · 考古與疆域』, 吉林大學出版社, 271~272쪽.
53) 박상빈, 1996,「중국동북지방의 西團山文化研究」, 檀國大 대학원 석사학위논문, 16쪽.
54) 三宅俊彦, 1992,「西團山文化の墓葬に關する研究」『駒澤史學』44.

수 있다. Ⅰ식은 바닥시설이 설치되어 있지 않은 무덤, Ⅱ식은 바닥시설이 설치되어 있는 무덤, Ⅲ식은 부관이 설치되지 않은 무덤, Ⅳ식은 부관이 설치된 무덤, Ⅴ식은 점토 테두리가 확인되는 무덤, Ⅵ식은 부관의 방향이 약간 틀어진 무덤 등으로 나눌 수 있다.

이러한 석관묘의 구조와 형식변화에 대한 연구는 각 석관묘의 연대서열을 밝히는데 중요한 근거로 이용되고 있으며, 더불어 서단산문화의 상대연대를 파악하는데 있어 결정적인 역할을 하고 있다. 지금까지 연구된 서단산문화 석관묘의 발전단계와 그 연대를 정리해 보면 다음과 같다.

	Ⅰ	Ⅱ	Ⅲ	Ⅳ	Ⅴ	Ⅵ
판석식 석관묘						
판괴혼축식 석관묘						
괴석식 석관묘						
간략화 석관묘						

〈삽도 11〉 서단산문화 석관묘 형식구분

<표 1> 석관묘 유적의 발전단계와 연대에 대한 제 견해

	발전단계	연 대
佟柱臣	서단산-소달구 산정대관-토성자	춘추-전국
薛虹	서단산-소달구-성성초-후석산·장사산-토성자	상주-한초
崔德芳	서단산-성성초-장사산-토성자	춘추-한초
劉景文	서단산-성성초-소달구-후석산-토성자	A형Ⅲ·Ⅳ·Ⅱ:서주 초 A형Ⅰ:서주 중기-춘추 B형Ⅱ·Ⅳ·C형Ⅰ:서주 중기-전국 중만기 기타:서주 말기-전국 중만기 간략화석관묘:춘추 중만기-전국 말기
董學增	조기:성성초, 서단산 중기:후석산, 장사산 만기:토성자, 양둔대해맹	조기:서주 초-춘추 조기 중기:춘추 중기-전국 중기 만기:전국 만기-진한 교체기
朱永剛	1기:성성초1조 2기:성성초2,3조, 서단산1조 3기:서단산2,3조, 성성초4조, 소달구 소단산, 동량강, 소서산, 낭두산 4기:장사산, 양반산, 후석산, 토성자	1기:서주 중기 2기:서주 만기 3기:춘추 조중기-춘추 만기 4기:전국 조중기-전국 만기
박상빈	Ⅰ기:서단산, 성성초 Ⅱ기:동량강, 소달구, 후석산 Ⅲ기:장사산, 토성자	Ⅰ기:기원전 13세기-8세기 Ⅱ기:기원전 8세기-5세기 Ⅲ기:기원전 5세기-3세기

(3) 매장양식

석관묘의 매장양식은 비교적 단일한데 절대다수가 單人一次葬이다. 아주 보기 드물게 多人 二次葬도 나타나고 있는데, 소성자 석관묘와 왕기둔 1호 석관묘가 대표적인 예이다. 소성자 석관묘는 1인의 굴지장 된 여성인골과 함께 오른쪽 정강이뼈 아래쪽에 아동의 인골편이 발견되어 母子合葬이었던 것으로 추정되고 있다.[55] 왕기둔 1호 석관묘의 경우 석관 내에 두 층으로 인골이 쌓여 있는데, 상층에는 좌우로 배열된 2개의 두개골과 정강이뼈, 늑골 등이 확인되었으며, 하층에서도 역시 2개의 두개

---

55) 酈明, 1987, 「永吉縣黃楡小城子石棺墓」 『博物館研究』 1.

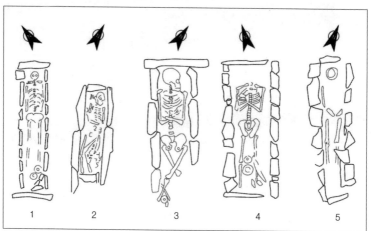

1. 앙신직지장(永吉星星哨M18) 2. 측신장(永吉凍梁崗M1) 3. 굴지장(磐石汶水后山) 4. 무두장(永吉星星哨 CM6) 5. 부신장(吉林猴石山1980西區M11)

〈삽도 12〉 석관묘의 장법(董學增, 「試論西團山文化人們的埋葬習俗」圖1 인용)

골[56]과 함께 완전한 형태의 골격이 확인되고 있다.[57]

장법은 仰身直肢가 주를 이루고 있으며, 이밖에도 소량의 屈肢葬·側身葬·俯身葬 등이 나타나고 있다. 굴지장은 두 손을 교차하여 가슴부위에 모은 雙手交叉法과 하반신을 한쪽으로 약간 굽혀 놓은 하반신 굴지법으로 나눌 수 있다. 굴지장과 측신장은 서단산과 소달구에서 많이 나타나고 있으며, 동량강에서도 일부 보이고 있다. 부신장은 후석산의 80西 M11 여성묘에서만 보이는 특수한 예이다. 석관묘에 특별하게 목관이 사용된 예는 나타나지 않고 있다. 다만 후기에 이르면, 석관 내부 바닥에서 장방형의 점토 테두리가 확인되고 있어 목관이 사용되었을 가능성이 제기된다.

56) 이밖에도 바닥과 단벽 사이에서 두개골 반쪽이 발견되었다고 하는데, 우천으로 인해 조사가 중단되어 자세한 기록은 남아 있지 않다.
57) 劉法祥, 1960, 앞의 글,『西團山文化考古報告集-江城文博總刊第二輯』에서 재인용, 11쪽.

(4) 부장유물의 조합과 배치

석관묘에 부장된 유물은 토기와 석기가 주를 이루고 있으며, 청동기는 소량 만이 출토되고 있다. 토기의 기본조합은 호·관·발·완 위주이며, 정·두·방추차·어망추 등도 일부 출토되었다. 석기의 기본조합은 반월형석도·돌화살촉·돌도끼·숫돌로 이루어져 있다. 청동기는 출토된 예가 많지 않아 기본조합이 확인되지 않는다. 다만 비파형동모와 선형동부가 비교적 특징적인 유물에 속한다. 석관묘 부장품 중 가장 두드러진 특징은 돼지 뼈와 돼지 이빨의 부장이다. 서단산은 47%의 석관묘에 돼지 뼈가 부장되어 있고, 성성초에는 15%의 석관묘에, 토성자에는 90%의 석관묘에서 돼지 뼈가 발견되고 있다.

남녀간의 성별에 따라서도 부장품의 조합에 일정한 차이점이 나타나고 있다. 일반적으로 여성묘에는 방추차·돌칼 등의 생산공구와 백석대롱과 같은 장신구가 주를 이루고 있는 반면, 남성묘에는 화살촉 등의 무기류와 도끼·자귀 등과 같은 생산공구가 부장되어 있는 특징을 보이고 있다. 석관묘의 시기적인 차이에 따라서 부장품의 종류 역시 약간의 차이를 보이고 있는데, 전기에는 대부분 토기와 석기가 주를 이루다가 중기에 이르면 소형 장식물을 중심으로 청동기가 일부 증가하고, 후기에 이르면 청동기의 종류와 수량이 대폭 증가하는 특징을 보이고 있다.

부장품의 배치상태에서는 일정한 규칙성을 찾을 수 있다. 즉 백석대롱·마노주 등의 장식물은 주로 머리와 목 부분에서는 발견되고 있으며, 일부에는 백석대롱이 목 부분에 둥글게 분포되어 있어 목걸이로 사용되었음을 추정할 수 있다. 돼지 이빨 장식물의 경우 일부는 머리부분에서, 일부는 어깨 부근에서 발견되고 있어, 이 종류의 장식물은 머리 혹은 어깨부분에 패용하였음을 알 수 있다. 돌도끼·돌칼·돌자귀·방추차 등의 생산공구와 비파형동검·비파형동모·돌화살촉 등의 무기류는 대부분 양 팔과 골반 뼈 사이에 위치해 있다. 토기 등의 생활용구는 일반적으

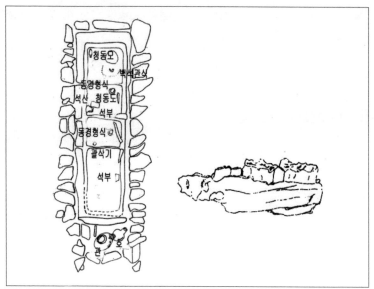

〈삽도 13〉 석관묘 유물 배치현황 및 석관묘 출토 돼지 턱뼈

로 발아래 부분에 놓여 있고, 부관이 있을 경우에는 부관 내에 놓여 있다. 이밖에도 부장된 토기 내부와 덮개돌 상부에서 돼지 이빨 · 돼지 턱뼈 · 돼지 머리뼈 등이 발견되고 있다.

2) 출토유물

(1) 토기

서단산문화의 특징이 가장 잘 반영되어 있는 토기는 대부분의 석관묘에 매납되어 있다. 토기는 태토에 가는 모래가 섞인 홍갈색 무문토기가 주를 이루며, 표면에 마연하여 광택을 낸 흔적이 남아 있다. 대표 기종으로는 호 · 관 · 발 · 완 · 정 · 배 · 반 등이 있다.

각 기종의 특징을 간략하게 살펴보면, 먼저 호는 서단산문화를 대표하는 기종으로 부장된 토기 중 가장 많은 수를 차지하고 있다. 호는 손잡이의 유무와 방향에 따라 橫耳壺·竪耳壺·無耳壺로 나눌 수 있다. 호의 변화양상을 살펴보면, 전기에는 경부의 길이가 비교적 짧고, 복부가 약간 꺾여 있는 형식이 유행하고 있으며, 중기에 이르면 경부의 길이가 동체부와 거의 같게 되며, 복부가 둥글게 변하고 있다. 호의 형식 변화양상과 석관묘의 발전 서열 단계가 거의 일치하고 있어 서단산문화의 연대와 발전서열을 파악하는데 있어 중요한 지표로 사용되고 있다.

관은 구연부의 형태에 따라 두 형식으로 나눌 수 있다. 첫째는 구연이 오므라들고 복부가 둥글며, 복부에 손잡이가 없는 형태로, 주로 서단산과 소달구에서 발견되며, 둘째는 구연이 밖으로 외반되어 있고, 복부 상부에 대칭으로 가로방향의 손잡이가 달린 형태로 성성초에서 주로 발견되고 있다. 발은 구연이 약간 오므라져 있고, 복부는 둥글거나 약간 꺾여 있다.

(2) 석기

석기 역시 서단산문화를 대표하는 유물 중에 하나이다. 석기의 종류로는 석도·도끼·자귀·끌·화살촉·숫돌·장신구 등이 있다. 이 중 서단산문화를 대표할 수 있는 특징적인 유물로는 석도·도끼·화살촉 등을 들 수 있다. 석도는 모두 80여 점이 발견되었는데 대부분 반월형석도로 그 형식은 凹背弧刃·直背弧刃·弧背弧刃으로 나눌 수 있으며, 이 중 直背弧刃이 가장 많이 발견되고 있다. 도끼는 대략 150여 점이 출토되었으며, 그 형태는 板狀矩形·柱狀長身形·扁平梯形 등으로 나눌 수 있고, 이 중 편평제형이 가장 보편적으로 발견되고 있다. 석촉은 100여 점이 출토되었으며, 雙翼形·柳葉形·三稜形 등으로 나눌 수 있고, 이 중 유엽형이 가장 특징적이다.

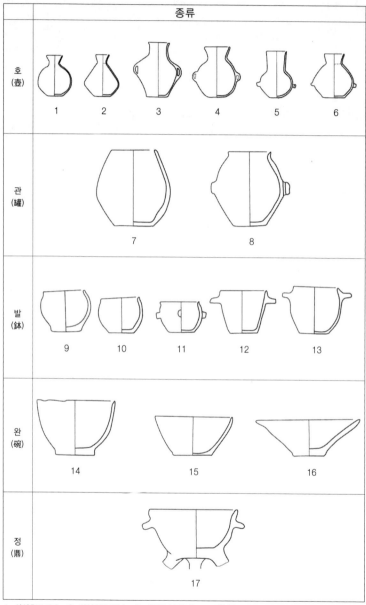

종류						
호 (壺)	1	2	3	4	5	6
관 (罐)		7		8		
발 (鉢)	9	10	11	12	13	
완 (碗)	14		15		16	
정 (鼎)			17			

1. 성성초BM2:2 2. 성성초DM12:1 3. 성성초AM31:3 4. 성성초DM11:4 5. 소단산M1:4 6. 성성초 CM21:1 7. 왕기둔M1 8. 성성초DM16:4 9. 서단산IV:10 10. 서단산IV:11 11 · 12. 서단산ⅩⅣ:5 13. 서 단산Ⅱ:1 14. 서단산Ⅰ:4 15. 성성초3차CM18 16. 서단산Ⅷ:4 17. 서단산Ⅷ:3

〈삽도 14〉 석관묘 출토 토기

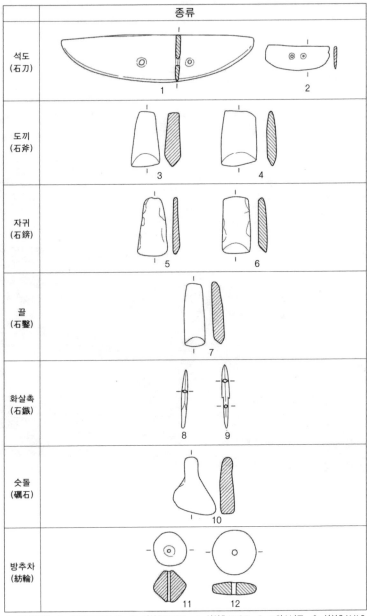

종류
석도 (石刀)
도끼 (石斧)
자귀 (石錛)
끌 (石鑿)
화살촉 (石鏃)
숫돌 (礪石)
방추차 (紡輪)

1. 서단산IV:2 2. 성성초A지구M11 3. 성성초CM6:4 4. 성성초AM3:5 5. 교하소남구 6. 성성초AM1:3
7. 성성초AM1:5 8. 서단산 9. 교하소남구M2 10. 서단산IV:3 11 · 12. 서단산IV:5

〈삽도 15〉 석관묘 출토 석기

종류
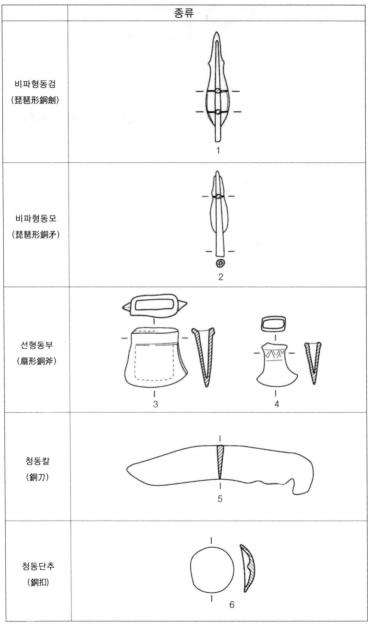

비파형동검 (琵琶形銅劍)	1
비파형동모 (琵琶形銅矛)	2
선형동부 (扇形銅斧)	3 4
청동칼 (銅刀)	5
청동단추 (銅扣)	6

1. 성성초3차AM16 2. 성성초3차DM13 3. 소달구산정대관 4. 동량강M1:2 5. 후석산M1:1 6. 성성초3차DM16

〈삽도 16〉 석관묘 출토 청동기

(3) 청동기

석관묘에서 출토된 청동기는 종류와 수량이 매우 빈약한 편이며, 이 역시도 소형의 공구류와 장식품이 대부분을 차지하고 있고, 검과 창 같은 무기류는 극히 소량에 불과하다. 지금까지 발견된 청동기로는 琵琶形銅劍 · 琵琶形銅矛 · 扇形銅斧 · 銅刀 · 銅扣 · 聯珠狀飾 · 銅絲圈 · 鏡形飾 · 耳飾 등이 있다. 이 중 서단산문화를 대표하는 표지적 유물로는 비파형동모 · 선형동부 · 동도 등을 들 수 있다.

비파형동검은 성성초 · 소서산 · 후석산 등에서 모두 3점이 출토되었다. 요동지역의 비파형동검과 거의 같은 형식으로 볼 수 있다. 비파형동모는 성성초와 후석산에서 모두 4점이 출토되었다. 銅矛의 형태는 비파형동검을 축소해 놓은 것과 동일하며, 일부는 銎部가 矛身보다 훨씬 긴 형태의 것도 발견되고 있다. 扇形銅斧는 소서산 · 동량강 · 낭두산 · 소달구 산정대관 · 후석산 · 장사산 등에서 모두 9점이 출토되었다. 공부은 방형을 이루고 있으며, 날 부분이 둥글게 처리되어 있고, 공부 바깥쪽에 斜線方格紋이 장식되어 있다. 銅刀는 중기 이후의 유적에서 주로 발견되고 있는데, 모두 24점이 출토되었다. 동도는 두 형식으로 나눌 수 있는데, 한 형식은 背面이 약간 굽어 있으나 직각에 가깝고, 날은 둥근 형태이며, 손잡이와 이어지는 부분에 한 개의 구멍이 뚫려 있는 형태이다. 다른 한 형식은 刀身은 앞에 것과 동일하며, 손잡이 부분만 이빨처럼 생긴 요철이 만들어져 있다. 銅鏃은 소서산과 산정대관에서 각각 1점씩이 출토되었으며, 산정대관에서 출토된 1점은 명적으로 볼 수 있다. 銅鏡 형식의 장식품은 후석산에서만 모두 7점이 출토되었다. 배면에 한 개의 鈕가 달려 있고, 문양이 새겨지지 않은 형태이다.

이와 같이 다양한 종류의 청동기가 발견되었지만, 이들 청동기를 제작하는데 사용되는 鑄范이 확인된 서단산문화 유적은 극소수에 불과하다. 이는 이 지역에서 발견되고 있는 고급 청동기들이 주변의 발달된 청

동기문화에서 유입되었다는 것을 말해 주는 것이며, 더불어 서단산문화
의 청동기 주조술이 발달되지 못하였음을 설명해 주는 예라 할 수 있다.

3. 石棺墓의 起源과 影響

1) 길림시 일대 신석기문화와의 비교

서단산문화의 기원을 알아보기 위해서는 먼저 서단산문화가 분포하고
있었던 지역의 신석기문화와의 비교가 선행되어야 하며, 다음으로 주변지
역의 신석기 혹은 이른 시기 청동기문화에서 그 단서를 찾아야 할 것이다.
서단산문화의 선문화인 길림시 일대 신석기시대 문화에 대한 연구는
현재 지표조사를 통해 확인된 신석기시대 유적을 소개하는 수준에 머무
르고 있다.[58] 길림시 일대의 신석기시대 유적으로는 二道嶺子遺蹟·小阿
什遺蹟·碾磨山遺蹟·馬家屯遺蹟·北山遺蹟 등이 있다. 이들 유적들은 대
부분 지표조사에서 신석기시대 토기편과 석핵·석편·괄삭기 등의 석기
가 수습되었을 뿐, 유구는 확인되지 않았다. 이로 인해 신석기시대 길림
시 일대에서 어떠한 묘제가 사용되었는지 현재로서는 파악할 수가 없다.
다만 제이송화강 중류 농안 일대를 중심으로 발전해 있던 左家山文化에
서는 토광묘가 사용되고 있는 점을 고려해 보면, 이 지역에도 토광묘제
가 사용되었을 가능성이 일부 점쳐지고 있다.
좌가산문화는 길림성 농안현 좌가산유적에 처음 발견되어 명명되어
졌다. 좌가산유적은 제이송화강의 지류인 이통하 연안의 하안단구에 위
치해 있다. 1984년 길림대학 고고학과에서 농안 일대에 대한 문화재 지
표조사 과정에서 발견되었으며, 1985년 처음 조사가 이루어져 주거지 1

---

58) 張忠培, 1964,「吉林市郊古代遺址的文化類型」『吉林大學社會科學學報』1.

기와 소성유구 2기, 저장구덩이 20여 기가 확인되었다.

지금까지 확인된 좌가산문화 유적으로는 장령 요정자유적 · 농안 원보구유적 · 덕혜 대청취유적 · 이청취유적 · 건안 전자정유적 · 휘남 영풍유적 · 길림시 이도령자 호두립자유적 등이 있다. 좌가산문화의 분포범위는 대략 송눈평원 일대와 제이송화강 중류 일대에 해당되며, 연대는 하층이 기원전 5000~4500년, 중층이 기원전 4500~4000년, 상층이 기원전 3500~2500년에 해당된다.[59]

좌가산문화의 무덤유구는 요정자유적에서 2기가 확인되었다. 무덤의 형태는 장방형의 단순토광묘로 장식은 단인일차장과 이차장이 보이고 있다. 유물은 소량의 석재 장식품이 출토되었다. 다만 무덤이 가장 이른 시기인 하층시기에 해당되어 서단산문화의 석관묘와 비교에는 어려움이 있다. 이상의 연구 내용으로 볼 때 석관묘의 기원을 길림시 일대의 신석기문화에서 찾는 문제는 현재로서는 불가능하며, 이 시기에 대한 연구가 일

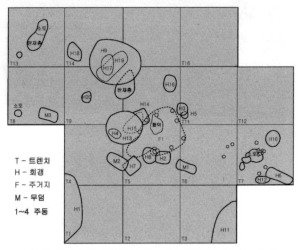

〈삽도 17〉 좌가산유적 유구 현황도(『中國文物地圖集-吉林分册-』 인용)

---

59) 趙賓福, 2003, 『東北石器時代考古』, 吉林大學出版社, 327~339쪽.

종류
통형관 (筒形罐)
사구형토기 (斜口形器)
분(盆)
완(碗)
배(杯)
깔대기형 토기 (漏斗形器)

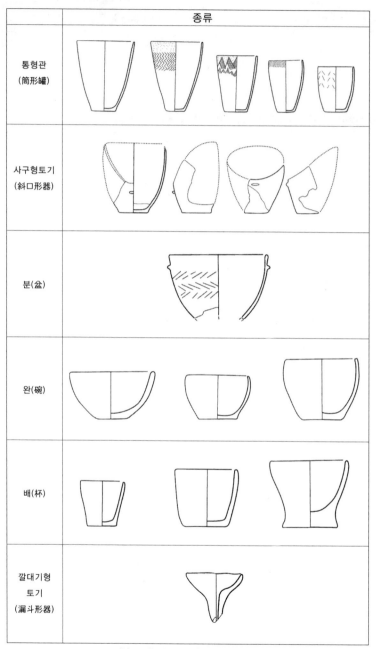

〈삽도 18〉 좌가산 상층문화 출토 토기

정 정도 이루어진 후에 자세한 비교 검토가 이루어질 것으로 기대한다.

2) 요동지역 초기 청동기문화와의 비교

일반적으로 석관묘의 기원은 남부시베리아 미누스크지방의 초기 청동기문화인 안드로노보문화와 카라숙문화에서 찾을 수 있으며, 이곳에서 시작한 석관묘제는 내몽고지역을 거쳐 중국 동북지역에 전파되고, 다시 한반도와 일본에까지 전파된 것으로 파악되고 있다.[60] 다만 서단산문화 석관묘의 기원을 남부시베리아의 석관묘와 직접적으로 관련짓기에는 어려움이 있음으로 석관묘의 전파경로를 통해 유추해 보면, 서단산문화의 석관묘는 요동 북부지역을 통해 유입되었을 가능성이 가장 크다고 할 수 있다.

요동지역의 가장 이른 청동기문화로는 馬城子文化[61]를 들 수 있다. 이문화의 주요 분포지역은 요녕성 本溪市 일대의 太子河상류 유역이다. 이문화는 동굴에 무덤을 축조하는 것을 가장 큰 특징으로 하고 있는데, 지금까지 조사된 동굴묘로는 남전향 마성자 A · B · C 동굴 · 북전 A 동굴 · 동위자 동굴 · 근변사 동굴 · 이도하자 동굴 · 공가보 동굴 · 화람동 동굴 · 삼각동 동굴 · 사방동 동굴 · 산성자 B · C 동굴 · 장가보 동굴 등이 있다.

동굴묘에 사용된 묘제는 토광묘가 주를 이루고 있으며, 극소수의 석재를 이용해 만든 무덤이 발견되고 있다. 석재를 이용해 만든 무덤은 세 형식으로 나눌 수 있는데, 첫째는 석관 바닥에 판석을 깔아 놓은 것, 두 번째는 벽면에 판석을 세워 놓은 것, 세 번째는 괴석을 쌓아 석관을 만든 것 등이다. 매장방식은 단인장이 주를 이루고 있으며, 일부에서는 모자합장 혹은 부부합장이 나타나고 있다. 장법은 앙신직지 · 굴지장 · 측신장 · 부신장 등이 모두 나타나고 있으나, 앙신직지가 대부분을 차지하고 있다. 묻는

---

60) 이종선, 1976, 「韓國 石棺墓의 연구~東北亞 石棺墓 文化의 傳統~」 『韓國考古學報』 1, 35~37쪽.
61) 이 문화는 처음 "廟後山文化"로 명명되었다가 후에 "馬城子文化"로 바꾸어 부르고 있다.

절차는 화장무덤과 화장을 하지 않은 무덤으로 나눌 수 있으며, 화장이 이루어진 무덤이 절대 다수를 차지하고 있다. 화장방법으로는 간골화장이 대부분을 차지하고 있으며, 극소수의 제자리 화장도 보이고 있다.

부장품 조합은 호 · 관 · 완으로 구성된 조와 호 · 관 · 발로 이루어진 조로 나눌 수 있다. 부장품의 배치는 토기의 경우 머리 부분 혹은 다리 양쪽에 배치되어 있고, 석기들은 대부분 허리 부분에 놓여 있으며, 날이 모두 바깥쪽을 향해 있다. 이밖에도 돼지 · 닭 · 멧돼지 등의 뼈가 함께 부장되어 있는 특징을 보이고 있다.

출토유물은 토기와 석기가 대부분을 차지하고 있으며, 청동기는 극소수에 불과하다. 토기의 특징을 살펴보면, 홍갈색 무문토기 계통이 대부분을 차지하고 있으며, 이밖에도 소량의 원형문 · 직석문 · 파도문 · 부가퇴문 등의 문양이 구연 하부와 경부 혹은 복부 등에 장식된 토기가 확인되고 있다. 기종으로는 호 · 관 · 발 · 완 · 반 · 배 등이 있으며, 정 · 격 등의 삼족기가 출토되지 않은 점이 특징적이다. 형태는 대부분 겹입술에 손잡이가 달려 있고 저부는 대각으로 이루어져 있다.

석기는 모두 마제로 석도 · 도끼 · 자귀 · 끌 · 화살촉 · 방추차 · 치형기(齒形器) 등이 있다. 석도는 대부분 반월형이며 긴 막대기형 · 사다리꼴 · 물고기형 등이 확인되고 있다. 도끼와 자귀는 장방형 혹은 사다리꼴로 단면은 원형 혹은 타원형이다. 돌화살촉은 유엽형과 삼각형이 가장 많이 발견되고 있으며, 슴베가 있는 것과 없는 것, 등대가 있는 것과 없는 것으로 구분할 수 있다. 치형기는 이 문화의 가장 특징적인 기물로 옥기를 제작할 때 사용한 것으로 추정하고 있다.

청동기는 아주 소량만이 출토되고 있는데, 장방형의 원형대공기, 고리 · 귀걸이 등이 발견되고 있으며, 모두 단조로 제작되어 있다. 이밖에도 마로 제작된 옷감이 발견되고 있다.[62]

마성자문화의 연대는 대략 그 기원전 20세기까지 올라가는 것으로 파

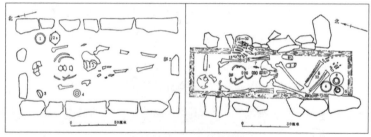
〈삽도 19〉 마성자문화 석관묘

악되고 있으며, 하한은 기원전 11세기 전후로 보고 있다. 이 연대는 동북
지역의 문화 발전단계와 일치하고 있는데, 상한은 동북지역이 후기 신석
기문화에서 청동기문화로 변화해가는 전환기이며, 하한은 비파형동검문
화 혹은 석관묘가 등장하는 시기와 맞물리고 있다.[63]

마성자문화 석관묘와 서단산문화 석관묘 사이에 나타나고 있는 공통
적인 특징을 살펴보면, 첫째, 마성자문화에서 석관묘의 원시형식으로 볼
수 있는 석관묘들이 나타나고 있는 점, 둘째, 장식으로 단인장이 주를 이
루고 있는 점, 셋째, 장법으로 앙신직지장이 주를 이루며, 소량의 굴지장
·측신장·부신장이 보이고 있는 점, 넷째, 부장품의 조합과 배치가 유
사하며, 돼지 뼈가 함께 부장된다는 점, 다섯째, 토기의 태토에 가는 모
래가 섞이고, 홍갈색에, 손으로 제작되었으며, 무문이 성행하고 있다는
점, 여섯째, 일부 토기의 기형이 유사하다는 점, 일곱째, 반월형석도가
유행하고 있는 점, 여덟째, 마성자문화의 하한과 서단산문화의 상한이
연결되고 있다는 점 등을 들 수 있다. 이상의 내용을 통해 보면, 두 문화
간에 일정한 연결 관계가 있었을 것으로 충분히 짐작할 수 있다.

---

62) 하문식, 2004,「중국 동북지역 청동기시대 동굴유적·태자하 상류지역을 중심으로」,『우리나라 선사시
대의 동굴유적과 문화』, 2004년 연세대학교 박물관 추계 학술세미나 자료집.
63) 복기대, 2005,「마성자문화에 대한 몇 가지 문제」,『동북아시아 고고학의 최근 연구 성과』, 한국고대학
회 2005년 춘계 학술회의 자료집.

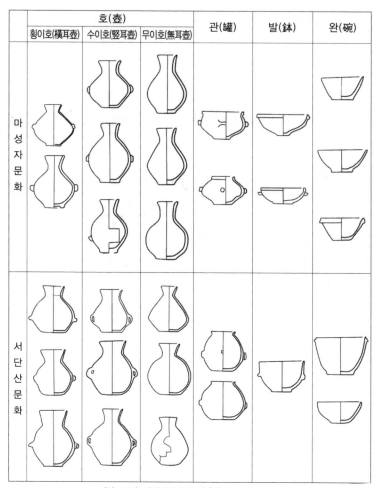

	호(壺)			관(罐)	발(鉢)	완(碗)
	횡이호(橫耳壺)	수이호(竪耳壺)	무이호(無耳壺)			
마성자문화						
서단산문화						

〈삽도 20〉 마성사문화와 서단산문화 토기 비교

3) 요북지역 석관묘 유적과의 비교 검토

마성자문화 이후에 요북지역에는 많은 수의 석관묘 유적이 나타나고 있는데, 이 유적들의 연대는 대략 기원전 11세기에서 기원전 3세기에 이르는 것으로 파악되고 있다. 지금까지 요북 일대에서 조사된 석관묘 유적은 30여 곳에서 200여 기가 조사되었다. 그러나 정식발굴이 이루어진 곳은 극소수에 불과하고, 대부분 지표조사에서 확인된 것들이다. 대표적인 석관묘 유적으로는 開原 建材村遺蹟 · 尖山子遺蹟 · 小南溝遺蹟 · 鐵嶺 九登山遺蹟 · 淸原 門臉遺蹟 · 撫順 大伙房水庫遺蹟 · 甲幇遺蹟 · 新賓 老城遺蹟 · 本溪 連山關遺蹟 · 下馬塘遺蹟 · 遼陽 二道河子遺蹟 등이 있다.

〈삽도 21〉 철령 구등산유적 전경 및 석관묘 노출 모습

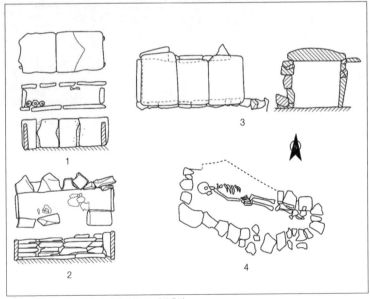

1. 축가구M1 2. 축가구M4 3. 구등산M1 4. 호구유적

〈삽도 22〉 요북지역 석관묘 형식

이 석관묘 유적의 문화내용을 간략하게 살펴보면, 유적의 입지는 대부분 하천 연안의 구릉 사면에 입지해 있으며, 구릉 사면의 등고선방향과 석관묘 방향이 일치하고, 머리가 산 정상부를 향해 있는 특징을 보이고 있다. 석관묘의 수량은 규모가 큰 고분군의 경우 20~40기 내외이며, 기타 고분군은 대부분 10기 내외로 발견되고 있다. 석관묘의 형식은 묘광 벽면에 판석을 세워 만든 판석식 석관묘가 주를 이루고 있으며, 소량의 괴석식 석관묘와 판괴혼합식 석관묘도 보이고 있다. 바닥에 판석을 깐 경우는 청원 문검에서만 발견되고 있다.

매장방식은 단인장이 주를 이루고 있으며, 이도하자의 경우 모자합장이 나타나고 있다. 장법은 앙신직지위주이며, 극소수의 유적에서 굴지장과 측신장이 보이고 있다. 부장품의 배치를 살펴보면, 일반적으로 머리부분에는 부장품이 안치되어 있지 않으며,[64] 가슴과 허리 부분에는 주로 석기와 청동기가 배치되어 있고, 다리 아래쪽에는 토기가 위치해 있다.

부장품의 종류로는 토기·석기·청동기 등이 있다. 청동기는 극소수의 무덤에서만 발견되고 있으며, 토기는 협사도 계통의 홍갈색 토기가 주를 이루고,[65] 일부에서는 소량의 흑도와 홍도도 보이고 있다. 문양은 무문계통이 주를 이루며, 일부에서는 현문(弦紋)도 나타나고 있다. 유물조합은 호·관·발 위주이며, 이 중 가장 특징적인 것이 미송리형토기(弦紋壺)이다. 이 미송리형토기는 비파형동검과 더불어 요동지역 청동기문화를 대표하는 가장 표지적인 유물로 인식되고 있다.

---

64) 다만 본계 하마당 석관묘의 경우 예외적으로 두개골 좌우에 돌도끼·돌자귀·돌끌 등의 석기가 놓여 있다.
65) 청원 문검 석관묘 보고서에는 물레를 이용해 만든 미송리형토기가 발견되었다고 기록되어 있으나, 극히 의심스럽다.

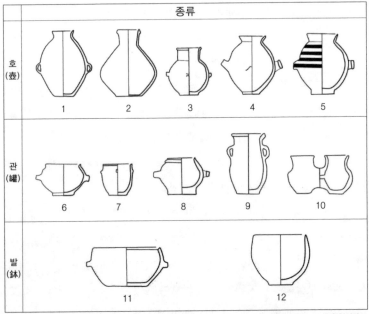

1. 노성M1 2. 호구석관묘 3. 청원현석관묘 4. 대화방M2:3 5. 대화방M5:2 6. 대화방M3:4 7. 청원현석관묘
8. 무순지구 9. 청원현석관묘 10. 청원현석관묘 11. 노성M4 12. 청원현석관묘

〈삽도 23〉 요북지역 석관묘 출토 토기

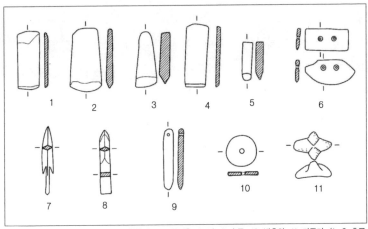

1·2. 도끼 3·4. 자귀 5. 끌 6. 반월형석도 7. 화살촉 8. 칼 9. 숫돌 10. 방추차 11. 가중기 (1·3. 호구
유적 2·4·5. 정가촌유적 6·8·11·12. 청원현유적 7. 문검유적 11. 대화방M5:1)

〈삽도 24〉 요북지역 석관묘 출토 석기

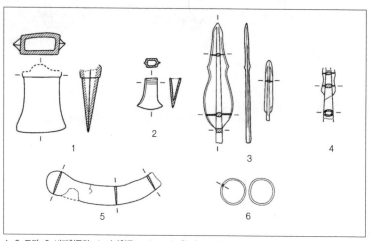

1·2. 도끼 3. 비파형동검 4. 비파형동모 5. 도 6. 환 (1·3. 문검유적 2. 대화방M1:1 4. 무순지구 5·6. 건재촌유적)

〈삽도 25〉 요북지역 석관묘 출토 청동기

　석기는 도끼·끌·자귀 등의 생산공구가 주를 이루고 있으며, 일부에서는 석검·반월형석도·방추차·숫돌·비파형동검에 사용되는 가중기·석범 등도 소량 확인되고 있다. 이 중 가장 특징적인 것은 이도하자에서 발견된 石斧鏃范으로 하나의 거푸집에 도끼와 화살촉 모형을 함께 파넣고 있다. 청동기는 그 수량이 매우 적고, 종류 역시 빈약한 편으로 비파형동검·도끼·비파형동모·끌 등이 있다. 이밖에도 장식품이 거의 부장되어 있지 않다는 점이 요북지역 석관묘에 나타나고 있는 커다란 특징 중에 하나이다.

　요북지역 석관묘 유적의 특징을 서단산문화와 비교해 보았을 때, 많은 면에서 일치하고 있음을 알 수 있다. 즉 석관묘의 입지와 구축방법이 매우 유사한 점, 장식이 단인장 위주이며 일부에서 모자합장이 보이고 있다는 점, 장법이 앙신직지장 위주이며 소수의 굴지장과 측신장이 보이고 있는 점, 부장품의 배치와 조합이 유사한 점, 토기·석기·청동기의 일부 기형이 유사한 점 등을 들 수 있다.

이상의 내용을 종합해 볼 때, 요동지역 석관묘의 기원은 마성자문화로 볼 수 있다. 즉 이 문화의 영향이 일부는 천산산맥을 타고 남하하여 遼南지역의 新金縣 일대에 까지 영향을 미친 것으로 볼 수 있으며, 일부는 요북지역 석관묘 유적에 영향을 미치고, 다시 길림합달령을 따라 길림시 일대에 영향을 미쳐 서단산문화를 형성한 것으로 볼 수 있다. 서단산문화를 거친 석관묘는 다시 장광재령 일대와 제일송화강 건너 소흥안령 동록의 흑룡강성 제일송화강 중류의 巴彦 일대까지 전파된 것으로 볼 수 있다.[66]

이상의 내용을 도표로 정리해 보면 아래와 같다.

〈표 2〉 동북지역 석관묘 전파경로 추정도

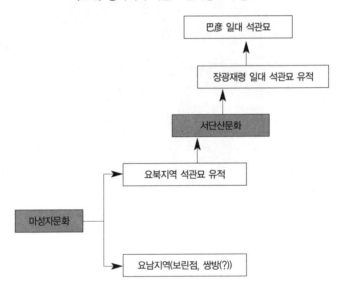

---

66) 장광재령 일대와 巴彦 일대의 석관묘에 대해서는 다음 자료를 참고하기 바란다.

　王禹浪·李彦君, 2002,「北夷 "索离" 国及其夫余初期王城新考」『高句麗의 國際關係』, 高句麗研究會.

　王禹浪 等,「林河流域考古调查报告」『东北史研究動態』第5期.

4. 小結

지금까지 서단산문화 석관묘의 특징을 통해 그 기원과 영향에 대해 살펴보았다. 위에서 검토한 내용을 정리해보면, 석관묘는 서단산문화를 대표할 수 있는 중요한 문화지표로써 서단산문화를 연구하는데 있어 가장 중요한 연구대상이 되고 있으며, 현재까지 조사된 서단산문화 석관묘 유적은 대략 100여 곳에 이르며, 이 중 조사가 이루어진 유적이 23곳, 발굴된 석관묘의 수량은 대략 400여 기에 이르고 있다.

중국의 서단산문화 유적에 대한 조사현황과 연구사는 초보적인 수습조사가 이루어지던 1910~1948년까지를 맹아기, 체계적인 학술발굴과 더불어 유적에 대한 문화내용, 분포범위, 유적 간의 발전서열 등에 대한 기초적인 연구가 이루어지던 1948~1962년까지를 발전기, 조사와 발굴이 확대되고 종합적인 연구성과가 도출되던 1976~현재까지를 완성기로 하여 3단계로 구분할 수 있다. 한국의 경우 1990년대 들어 국내에 처음 소개된 중국자료를 토대로 초보적인 연구가 진행되었으며, 2000년대에 들어서는 구체적이고 체계적인 연구성과가 나타나고 있다. 북한은 1980년대 중반부터 비파형단검문화를 중심으로 한 연구가 시작되고 있다.

석관묘의 특징을 살펴보면 먼저 입지는 대부분 나지막한 구릉 사면부에 분포해 있는 특징을 보이고 있다. 분포와 수량은 서단산문화의 중심지인 길림시 일대가 높고, 주변지역으로 갈수록 낮은 편이다. 방향은 능선의 등고선방향과 거의 직교하며, 두향은 산 정상부를 향해 있다. 석관묘의 형식은 사용한 돌의 형태에 따라 판석식 석관묘·괴석식 석관묘·판괴혼축식 석관묘·간략식 석관묘 등으로 나눌 수 있으며, 매장방식은 절대다수가 단인일차장이며, 소량의 다인이차장이 보이고 있다. 장법은 대부분 앙신직지이며, 소량의 굴지장·측신장·부신장 등도 사용되고 있다. 목관은 사용되지 않고 있으며, 후기에 들어서는 장방형의 점토 테두리를 설치하여 목관 대용으로 사용하고 있다.

부장유물은 토기와 석기 위주이며, 소량의 청동기가 있다. 가장 큰 특징은 돼지 뼈와 돼지 이빨의 부장을 들 수 있다. 토기의 기본조합은 호·관·발·완이며, 석기는 반월형석도·돌화살촉·돌도끼·숫돌 등이고, 청동기는 비파형동모와 선형동부가 있다. 일반적으로 여성묘에는 장식품 종류가 남성묘에는 무기류와 생산공구가 매납되어 있다. 시기적으로는 전기에는 토기와 석기 위주이며, 중기는 소형 장식물을 중심으로 청동기가 일부 증가하고, 후기에 이르면 청동기의 종류와 수량이 대폭 증가하고 있다. 부장품의 배치는 머리와 목 부분에는 장식물이, 허리 부분에는 생산공구와 무기류가, 발 아래와 부관에는 생활용구를, 토기 내부와 덮개돌 상부에 다양한 종류의 돼지 뼈를 매납하고 있다.

석관묘의 기원은 이 지역의 선문화인 신석기시대 좌가산문화와 비교분석해 볼 때, 직접적인 영향력을 찾아보기 어렵고 주변의 요북지역 청동기문화에서 그 기원을 확인할 수 있다. 즉 요북지역의 가장 이른 시기 청동기문화인 마성자문화와 비교분석 결과, 마성자문화 유적들에서 석관묘의 원시형식으로 볼 수 있는 석관묘들이 발견되고 있는 점, 무덤의 장식이 단인장이 주를 이루고 있는 점, 앙신직지장이 주를 이루며, 소량의 굴지장·측신장·부신장이 보이고 있는 점, 부장품의 조합과 배치가 유사하며 돼지 뼈가 함께 부장된다는 점, 토기가 유사하다는 점, 반월형석도가 유행하고 있는 점, 마성자문화의 하한과 서단산문화의 상한이 연결되고 있다는 점 등에서 양자간의 연관성을 확인할 수 있다.

마성자문화 이후에 요북지역에는 많은 수의 석관묘 유적이 나타나고 있는데, 이 유적들의 연대는 대략 기원전 11세기에서 기원전 3세기에 이르는 것으로 파악되고 있다. 서단산문화 석관묘와 특징을 비교해 보면, 고분의 입지와 구축방법이 매우 유사한 점, 장식이 단인장 위주이며, 일부에서 모자합장이 보이고 있다는 점, 장법이 앙신직지장 위주이며, 소수의 굴지장과 측신장이 보이고 있는 점, 부장품의 배치와 조합이 유사한 점, 토기·석기·청동기의 일부 기형이 유사한 점 등에서 일치하고 있다.

　이상의 내용을 종합해 볼 때, 요동지역 석관묘의 기원은 마성자문화로 볼 수 있으며, 이 문화의 영향이 일부는 요북지역 석관묘 유적에 영향을 미치고, 다시 길림합달령을 따라 길림시 일대에 영향을 미쳐 서단산문화를 형성한 것으로 볼 수 있다. 서단산문화를 거친 석관묘는 다시 장광재령 일대와 제일송화강 건너 소흥안령 동록의 파언 일대까지 전파된 것으로 볼 수 있다.

　서단산문화는 고대 동북아시아의 고대국가 성립에 있어 절대적인 자료를 제공해주고 있을 뿐만 아니라 한국 청동기문화의 계통적 연원을 이해하는데 있어 꼭 필요한 연구과제 임에도 불구하고 그 동안 우리나라에서는 고조선과 관련하여 요동과 요서지역의 청동기문화에만 관심이 집중되어 있었고 서단산문화의 중심지인 길림성은 상대적으로 등한시 되어왔다. 최근 들어 요서와 요동지역에 대한 연구가 일정 정도의 단계에 이르면서 연구대상이 그 동안 거의 공백상태에 가깝던 길림성과 흑룡강성으로 이동하는 경향이 보이고 있다. 이는 아주 고무적인 현상이며, 이 지역에 대한 연구성과가 하루빨리 집약되어 동북지역은 물론 동북아시아 전체 청동기시대 문화양상에 대한 종합적인 해석이 이루어지기를 기대하는 바이다.

Ⅱ. 遼東地域 및 西團山文化 出土 靑銅器의 變化樣相 檢討

요동지역과 서단산문화의 중심지인 길림성 중부지역은 우리 청동기문화의 계통적 기원과 관련하여 매우 밀접하게 연결되어 있는 지역이라 할 수 있다. 특히 요동지역은 지리적으로 중원과 요서지역의 청동기문화를 한반도에 전달해 주는 교량역할을 담당하고 있어 더욱 중요하다고 할 수 있다. 요동지역은 역사적으로 醫巫閭山을 경계로 이동지역을 가리키는 말이나, 이 글에서는 요하를 경계로 그 이동지역과 서단산문화 분포범위인 길림성 중부지역까지를 연구범위로 설정하도록 하겠다. 다만 요동지역의 경우 자연·지리적 환경 즉, 산맥과 수계에 따라 문화양상이 약간씩 다르게 나타나고 있어 다시 요하유역권·반도연해권·압록강유역권 등세 권역으로 나누어 그 특징을 살펴보도록 하겠다. 시간적인 범위는 지역에 따라 약간의 차이를 보이고 있으나, 유적에서 출토된 자료의 절대연대 측정값과 유적의 형식변화 및 출토유물의 조합상과 형식변화 등을 종합해 보면, 대략 기원전 10세기에서 기원전 3세기까지로 볼 수 있다.

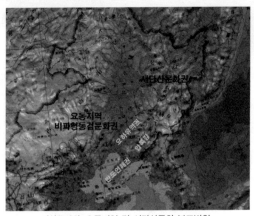

〈삽도 26〉 요동지역 및 서단산문화 분포범위

1. 靑銅器 出土 現況

1) 요동지역

요동지역에서 청동기가 출토된 유적은 대략 70여 곳으로[67], 지역에 따라 대표적인 유적을 살펴보면, 요하유역권의 경우 심양 정가와자·요양 이도하자·서풍 성신촌·무순 대갑방·무순 축가구·본계 상보 등을 들 수 있고, 반도연해권 유적으로는 대련 쌍타자·강상·루상·장해 상마석·대련 윤가촌·신금 쌍방 등을 들 수 있으며, 압록강유역은 관전 조가보자·환인 대전자·집안 오도구문유적 등이 있다.

요동지역에서 지금까지 확인된 가장 이른 시기의 청동기는 본계 張家堡 A 동굴유적의 3층 11호 토광묘에서 출토된 環形 장신구 2점이다.[68] 탄소연대측정 결과 이 토광묘의 연대는 기원전 1140±55년으로 확인되었다.[69] 전체적으로 요동지역 비파형단검문화와 서단산문화는 마성자문화의 영향을 받아 형성 발전된 것으로 파악할 수 있다.[70]

청동기가 출토된 유적의 분포현황을 살펴보면, 요동지역의 경우 요하유역에 27곳, 반도연해지역에서 31곳, 압록강유역에서는 8곳이 확인되어 요하유역과 반도연해지역에 집중 분포되어 있는 것을 알 수 있다.

청동기가 출토된 전체 66곳 중 무덤이 38곳으로 전체의 58%를 차지하

---

67) 그러나 이 중 정식 발굴조사가 이루어진 유적은 10여 곳에 불과하다.
68) 요양 접관청 7호묘에서도 장가보에서 출토된 형태의 환형 장식구가 출토되었다.
   遼陽市文物管理所, 1983, 「遼陽市接官廳石棺墓群」『考古』1期.
69) 遼寧省文物考古研究所, 1994, 『馬城子-太子河上流洞穴遺存-』, 文物出版社, 282쪽.
70) 하문식, 2004, 「중국 동북지역 청동기시대 동굴유적-태자하 상류지역을 중심으로」『우리나라 선사시대의 동굴유적과 문화』, 2004년 연세대학교 박물관 추계 학술세미나 자료집.
   복기대, 2005, 「마성자문화에 대한 몇 가지 문제」『동북아시아 고고학의 최근 연구 성과』, 한국고대학회 2005년 춘계 학술회의 자료집.
   이종수, 2007, 「西團山文化 石棺墓의 特徵과 起源에 대하여」『先史와 古代』28, 한국고대학회.

고 있으며, 매납구덩이가 6곳으로 9%, 기타 수습으로 확인된 유적이 22
곳으로 33%를 차지하고 있다. 무덤의 경우 유형별로 분석해 보면, 석관
묘 19곳 · 적석묘 9곳 · 토광묘 5곳 · 지석묘 4곳 · 목곽묘 1곳 등이다.

청동기의 종류는 비교적 다양한 편인데, 무기류의 경우 342점으로 전
체유물의 47%를 차지하고 있으며, 비파형동검 127점, 동주식검 5점, 비
파형동모 15점, 동촉 195점이다. 생산 공구류는 43점으로 6%를 차지하
고 있으며, 선형동부 28점, 동도 6점, 동착 9점 등이다. 장신구류는 328
점으로 45%를 차지하고 있으며, 동구가 234점, 동식이 51점, 동포가 26

〈표 3〉 요동지역 청동기 유구별 출토 현황

유구	개수(곳)	비율
무덤	38	58%
매납구덩이	6	9%
기타수습	22	33%
전체	66	100%

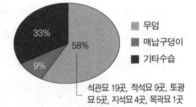

무덤
매납구덩이
기타수습

석관묘 19곳, 적석묘 9곳, 토광
묘 5곳, 지석묘 4곳, 목곽묘 1곳

〈표 4〉 요동지역 청동기 종류별 출토 현황

구분 및 개수										총
무기류	비파형동검	127점	공구류	선형동부	28점	장신구류	동구	234점	마구류	17점	
	동주식검	5점		동도	6점		동식	51점	기타		
	비파형동모	15점		동착	9점		동포	26점			
	동화살촉	195점					동경류	17점			
총	342점(47%)		43점(6%)			328점(45%)			17점(2%)		730점

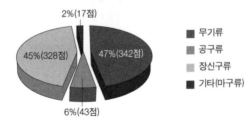

2%(17점)

45%(328점)   47%(342점)

6%(43점)

무기류
공구류
장신구류
기타(마구류)

점, 동경류가 17점 등이다. 이밖에도 마구류 등 다양한 종류의 청동기가 17점을 차지하고 있다.

2) 길림성 중부지역

길림성 중부지역의 서단산문화에서 청동기가 출토된 유적은 대략 17 곳으로 대표적인 유적으로는 길림 토성자유적 · 길림 장사산유적 · 길림 소달구유적 · 소달구 산정대관 · 영길 양둔대해맹유적 · 영길 성성초유적 등이 있다.

청동기 출토유적의 분포현황을 살펴보면 대부분 길림시 일대에 집중 되어 있는 것을 알 수 있다. 이 지역에서 출토된 청동기의 수량은 서단산 문화권 전체지역에서 출토된 청동기의 90%에 달하고 있으며, 이는 길림 시 일대가 서단산문화의 중심지였음을 입증할 수 있는 분명한 증거라 할 수 있다.

청동기는 대부분 무덤에서 출토되고 있는데 전체 유물의 86%가 확인 되고 있으며, 이 중 장사산 토광묘(62M3:5)에서 동구 1점이 출토된 것을 제외하고는 모두 석관묘에서 확인되고 있다. 이밖에도 주거지에서 출토 된 유물이 6점, 수습 혹은 시굴조사에서 출토된 유물이 7점 등이다.

지금까지 확인된 청동기의 수량은 160여 점으로 종류가 빈약한 편이 며, 대부분 소형의 공구류와 장식품이 주를 이루고 있다. 무기류의 경우 14점으로 9%를 차지하고 있으며, 종류로는 비파형동검 · 비파형동모 · 동촉 · 명적 등이 있다. 공구류는 41점으로 25%를 차지하고 있으며, 종 류로는 동부와 동도 두 종류만이 확인되고 있다. 장신구류는 88점으로 54%를 차지하고 있으며, 종류로는 동구 · 동포 · 동환 · 동경 · 동식 등이 있다. 이밖에도 銅鉤 등 다양한 종류의 청동기가 20여 점 확인되었다. 전 체적으로 요동지역에 비해 청동기의 수량과 종류면에서 빈약한 편이다.

〈표 5〉 길림성 중부지역 청동기 유구별 출토 현황

출토유구	청동유물개수(점)	비율
무덤	158	92%
주거지	6	3%
수습 · 시굴	7	5%
전체	173	100%

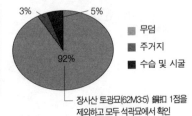

장사산 토광묘(62M3:5) 銅扣 1점을 제외하고 모두 석곽묘에서 확인

〈표 6〉 길림성 중부지역 청동기 기종별 출토 현황

구분 및 개수										총
무기류	비파형동검	4점	공구류	동부	10점	장신구류	동구	26점	기타	동포등	11점
	비파형동모	7점		동도	31점		동포	29점			
	화살촉	3점					동환	31점			
							동경	7점			
							동식	14점			
총	14점(9%)		41점(25%)			107점(54%)			11점(12%)		173점

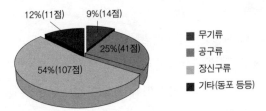

2. 時間的 推移에 따른 靑銅器의 特徵 分析

　유물의 연대는 제조연대 · 사용연대 그리고 폐기연대 3단계로 나눌 수 있다. 토기의 경우 질적으로 약하고 쉽게 파손되어 제조에서 폐기까지의 시간적 간격이 짧아 3단계를 대충 같은 시간 개념으로 볼 수 있다. 그러나 청동기의 경우 재질이 견고하고 잘 파손되지 않기 때문에 사용된 시간과 전해 내려온 시간이 더욱 길어질 수 밖에 없다. 그러므로 청동기의

연대를 판정할 때는 그 제조연대, 사용연대, 폐기연대 사이에 존재하는 시간적 격차를 고려해야 한다.[71] 이 때문에 본문에서는 요동지역과 길림성 중부지역에서 청동기와 공반 출토된 토기의 편년에 대한 연구결과를 기초로 하여 시간적 추이에 따른 두 지역 청동기의 특징을 분석해 보도록 하겠다.

1) 요동지역

요동지역에서 청동기와 토기가 공반 출토된 유적을 조사해 본 결과 13곳이 확인되었다. 이들 유적의 토기형식에 대한 분석과 편년결과 등을 참고하였을 때,[72] 요동지역의 청동기 출토유적은 전·중·후 3시기로 나눌 수 있다.

전기에 속하는 유적으로는 대련 쌍타자·루상·강상·요양 이도하자·무순 대갑방 등 5곳이 해당된다. 전기에 해당하는 유적에서 출토되고 있는 청동기의 특징을 살펴보면, 청동기의 종류가 이도하자에서 동부와 동착 각각 1점이 출토된 것을 제외하고 모두 비파형동검만이 출토된다는 점을 들 수 있다.

전기에 출현하고 있는 비파형동검의 형태는 검신의 중앙 혹은 상단부에 돌기와 융기부가 있으며, 봉부가 없거나 흔적만 있다. 또한 검의 끝이 날카롭게 세워져 있으며, 검신의 하단부는 폭이 넓고 두툼하다.(삽도27-1~3) 이도하자에서 출토된 동부는 전체적으로 폭이 좁고 길이가 길며, 날은 폭이 넓으면서 호인으로 이루어져 있다. 평면형태는 장방형이고, 기신 상부로는 두 줄의 선문이 장식되어 있다.(삽도30-3) 전기의 연대는 공

---

71) 趙賓福, 2007, 「쌍방문화 청동기의 형식학·연대학적 연구」『오르도스 청동기문화와 한국의 청동기문화』, 한국고대학회춘계국제학술대회발표요지문.
72) 趙賓福, 2008, 「以陶器爲視角的雙房文化分期研究」『考古與文物』1期.

반 출토된 토기와 청동기를 통해 보면 대략 기원전 10~9세기 정도이다.

중기에 속하는 유적으로는 서풍 성신촌·장해 상마석·심양 정가와자M6512 등이 있다. 중기에 들어서면 비파형동검을 비롯하여 비파형동모·동촉·동부·동도·동착·동경 등 다양한 종류의 청동기가 출토하고 있다. 비파형동검은 검신 중앙 돌기가 점차 희미해지며, 융기부 역시 불명확하다. 검의 봉부는 짧게 형성되어 있으며, 검의 끝 부분이 뾰족하고 날카로운 것에서 약간 무뎌지고 있고, 검신 하단부의 폭이 점차 좁아지고 있다. 다만 성신촌 출토 비파형단검의 경우 상반부가 짧고 작으며, 검의 선단부 등대가 거칠고 굵은 것으로 보아, '2차 가공품'으로 파악할 수 있다.

비파형동모는 성신촌에서 1점이 확인되었는데, 공부는 방형이고, 창날은 전기의 비파형동검 형태와 유사하다. 동촉은 성신촌의 경우 3점 모두 양익유경식이며, 정가와자M6512의 경우는 양익유경식과 삼익유공식 두 종류가 나타나고 있다. 동부는 2점이 확인되고 있는데, 성신촌 출토 동부범의 경우 폭이 좁고 길이가 길며, 날은 폭이 넓은 호인을 이루고 있다. 평면형태는 장방형이며, 기신 상부로는 세 줄의 돌대문과 파상문이 장식되어 있다. 정가와자 출토 동부는 부신의 폭이 좁고 길이가 길며, 날의 폭이 좁고 직선에 가깝다. 평면형태는 타원형이며, 공부에 두 줄의 돌대문이 돌려져 있고 기신 상부에서 중간까지 그물문이 장식되어 있다. 중기 유적의 연대는 대략 기원전 8~7세기로 볼 수 있다.

후기에 속하는 유적으로는 대련 윤가촌·신금 쌍방·심양 정가와자 M2·본계 상보·무순 축가구 등 5곳을 들 수 있다. 후기 유적에서 출토되고 있는 청동기의 종류로는 비파형동검·동모·동부·각종 장신구류 등이 있다. 비파형동검은 모두 4점이 출토되었는데, 검신 중앙의 돌기와 융기부가 완전히 소멸되고, 검의 봉부가 대부분 길게 늘어나고 있다. 또한 선단부가 대부분 무디게 변하고 있으며, 검신 하단부의 폭이 상단부와 같게 변하고 있다. 신금 쌍방 출토 비파형동검 역시 '2차 가공품'으로 볼 수 있다. 동모는 무순 축가구에서 1점이 확인되는데, 창날은 대부분 파손되어 있으나, 비파형동검 형태로 추정되며, 공부는 방형이다. 동부역시 축가구에서 1점이 확인되며, 부신의 폭이 좁고 길며, 날의 폭이 넓은 호형이다. 공부는 방형이며, 상부에 3줄의 돌대문이 장식되어 있다. 후기의 연대는 기원전 5세기대로 추정된다.

2) 길림성 중부지역

길림성 중부지역 서단산문화의 편년에 대해서도 이미 많은 연구가 이루어진 상태이다. 기존의 연구를 토대로 청동기와 공반 출토된 토기를 대상으로 형식 분류와 편년을 시도한 결과[73] 서단산문화 역시 전·중·후 3시기로 나눌 수 있다.

전기는 성성초유적 한 곳이 해당되며, 확인된 청동기는 비파형동검 1점·비파형동모 2점·동포와 동환 소량 등이다. 비파형동검은 검신의 중앙 상단부에 돌기가 있고, 융기부가 있으며, 봉부가 없거나 흔적만 있고, 선단부가 날카롭게 세워져 있다. 또한 검신의 하단부는 폭이 넓고 두툼하다.(삽도27-12) 비파형동모는 공부가 짧고 단면이 원형이며, 창날이 비파형동검의 형태를 한 형식(삽도28-10)과 공부의 길이가 길고, 창날은 역시 비파형동검 형태인 형식(삽도28-11)으로 구분된다. 전기의 연대는 대략 기원전 10~9세기로 추정된다.

중기는 소달구 산정대관·소서산·랑두산·후석산 등이 해당되며, 중기에 출토된 청동기의 종류로는 비파형동검 2점·동모 2점·동촉 2점

---

73) 朱永剛, 1991,「西團山文化墓葬分期研究」『北方文物』3.

陳　雍, 1993,「西團山文化陶器的類型學與年代學研究」『靑果集』, 智識出版社.

·동부 8점·동도 21점과 소량의 장신구류 등이 있다. 비파형동검은 소서산과 후석산에서 출토되고 있으나 후석산의 경우 잔편으로 분석에서는 제외하도록 하겠다. 소서산 출토 비파형동검은 전기의 것과 비교하여 돌기부가 중앙에 위치해 있고, 기신의 폭이 약간 좁아지는 것을 제외하고는 거의 동일하다.(삽도27-13) 동모는 창날이 비파형동검 형태로서 창날의 곡선이 직각에 가깝다.(삽도28-9)

동촉은 소달구 산정대관의 경우 명적의 형태로 확인(삽도29-3)되었으며, 소서산의 경우는 양익유경식이다. 동부는 형태가 매우 다양하게 나타나고 있는데, 대부분이 상단부에 그물문 혹은 돌대문이 장식되어 있는 것이 특징이다.[74] 동도는 서단산문화에서 가장 많이 보이는 청동기로 후석산에서 가장 많이 출토되고 있다. 후석산에서 출토된 동도는 손잡이 부분이 이빨처럼 생긴 치병도가 대부분을 차지하고 있으며(삽도31-5~11), 극소수 만이 손잡이에 고정용 홈이나 구멍이 뚫려 있다.(삽도31-12·13) 중기의 연대는 기원전 7세기 내외이다.

후기는 토성자·포자연전산·양둔대해맹 등을 대표로 하고 있다. 후기에는 동모 2점·동촉 1점·동부 2점·동도 9점과 장신구류 등이 확인된다. 동모는 2점 모두 장사산에서 출토되었으며, 1점은 창날이 비파형동검 형태이고, 다른 1점은 전국식 동모이다.(삽도28-8·13) 동촉은 대해맹에서 출토되었으며, 양익유경식이다.(삽도29-4) 동부는 장사산과 대해맹에서 각각 1점씩 출토되었는데, 장사산 출토품은 선형동부로 부신 상단부에 그물문이 새겨져 있다.(삽도30-20) 대해맹 출토품의 형태는 장사산과 유사하고, 상단부에 1줄의 돌대문이 장식되어 있다. 동도는 후기의 모든 유적에서 확인되며, 손잡이에 구멍이 뚫려 있는 것이 대부분을 차지하고 있다.(삽도31-15) 후기의 연대는 기원전 5세기 내외이다.

---

74) 산정대관 출토 동부의 경우 보고서에는 부신 상단부에 그물문이 새겨져 있다고 기록되어 있으나 도면상에서는 보이지 않는다.

3. 靑銅器 種類別 變化樣相 檢討

앞에서 살펴본 바와 같이 두 지역 청동기 출토 유적은 전·중·후 3시기로 나눌 수 있다. 전기는 대략 기원전 10~9세기에 해당되며, 중기는 기원전 8~7세기, 후기는 기원전 5세기에서 시작되어 기원전 3세기에는 중원식 철기문화로 대체되고 있다. 이 같은 시간적 기준을 토대로 두 지역에서 출토된 청동기의 변화양상을 종류별로 살펴보도록 하겠다.

1) 銅劍

요동지역과 길림성 중부지역에서 출토된 동검은 모두 136점으로 비파형동검과 동주식검 두 종류로 나눌 수 있다.[75] 이 중 가장 특징적인 것은 비파형동검으로 요동지역의 표지적 유물이라 할 수 있다. 지금까지 확인된 비파형동검의 수량은 모두 131점으로, 요동지역의 경우 요하유역에서 37점·반도연해권에서 80점·압록강유역에서 10점이 확인되었으며, 길림성 중부지역에서는 모두 4점이 출토되었다.

비파형동검의 형식분류에 대해서는 남한을 비롯하여 북한·중국·일본 등에서 이미 많은 연구가 이루어졌다.[76] 기존의 형식분류안을 토대로 비파형동검의 변화양상을 검토해 보면, 먼저 두 지역 모두 전기에는 검신의 중앙에 돌기가 있고, 융기부가 있으며, 봉부는 없거나 흔적만 있다. 또한 선단부는 날카롭게 세워져 있으며, 검신의 하단부는 폭이 넓고 두툼하게 형성되어 있다. 중기에 들어서는 요동지역의 경우 검신 중앙의

---

75) 동주식검은 장하 서가구유적에서 5점 확인되고 있다.
76) 남한에서 비파형동검 형식분류를 시도한 대표적인 연구자로는 김원룡, 김정학, 윤무병, 이영문, 오강원, 조진선 등이 있으며, 북한에서는 김용간, 박진욱 등이 있다. 중국에서는 임운, 근풍의, 주영강, 조빈복 등이 대표적이며, 일본에서는 추산진오가 대표적이다.

돌기가 점차 희미해지며, 융기부 역시 불명확해지고, 검의 봉부는 짧게 나마 형성되어 있다. 선단부는 뾰족한 형태에서 약간 무뎌지고 있으며, 검신 하단부의 폭이 점차 좁아지고 있다. 길림성 중부지역의 경우 중기에 들어서도 전기와 별 차이가 없는 유사한 형식만 보이고 있다. 다만 유적의 연대를 정확히 파악할 수 없지만 쌍성 오가촌에서 수습된 동검의 경우는 그 형태가 중기의 비파형동검과 유사하다.(삽도27-14)

후기에는 요동지역의 경우 검신 중앙의 돌기와 융기부가 완전히 소멸되고, 검의 봉부가 대부분 길게 늘어나고 있다. 또한 검 선단부가 대부분 무딘 형태로 변하고 있으며, 또한 검신 하단부의 폭이 상단부와 같게 변하고 있다. 길림성 중부지역에서는 후기가 되면 비파형동검이 확인되지 않고 있다. 이는 비파형동검이 후기에 들어 길림성 중부지역에서 그다지 유행하지 않았음을 설명해 주고 있다. 전체적으로 요동지역의 경우 초기부터 후기에 이르기까지 모든 형식의 비파형동검이 확인되고 있는 반면, 길림성 중부지역에서는 비교적 이른 시기에 해당하는 형식만이 확인되고 있다.

이상의 내용을 정리해 보면, 형태상 곡인검에서 직인검으로, 이단식에서 일단식으로, 삼각형에서 세장한 형식으로, 전체적으로는 창과 비슷한 형태에서 검과 비슷한 형태로 발전하고 구조상 검신의 중앙돌기가 유에서 무로, 융기부가 유에서 무로, 검의 봉부가 무에서 유로, 검의 선단부가 날카로운 것에서 무딘 것으로, 검심의 하단부는 넓고 두툼한 것에서 좁고 얇은 형태로 변해가고 있다.

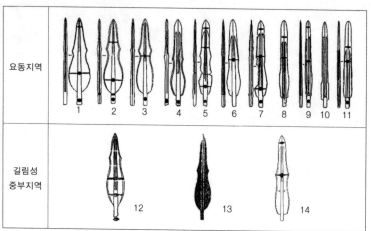

1.청원이가보 2. 요양이도하자 3. 강상M6:7 4. 동료요령자 5·7. 심양정가와자 M6512:1,2 6. 대련와룡천 8. 본계
사와 9. 본계상보M1:3 10. 청도적가촌 11. 대련윤가촌M12:8 12. 영길성성초AM16 13. 반석소서산 14. 쌍성오가촌

〈삽도 27〉 요동 및 길림성 중부지역 출토 비파형동검 형식변화

2) 銅矛

요동지역과 길림성 중부지역에서 출토된 동모는 모두 22점으로, 요하
유역 7점·반도연해지역 2점·압록강유역 6점·길림성 중부지역 7점 등
이다. 동모는 그 형태에 따라 비파형동모·유엽형동모·중국 전국식 동
모 등으로 나눌 수 있다. 비파형동모는 주로 길림성 중부지역과 요하유역
에서 많이 보이며, 유엽형동모는 요하유역 일부와 압록강유역에서 많이
보이고 있다. 중국 전국식 동모는 길림 장사산에서 1점이 보이고 있다.

비파형동모에 대한 형식분류는 이미 유경문[77], 이건무[78] 등에 의해 이
루어진 바가 있다. 이들 안을 참고하여 시간적 변화양상을 살펴보면, 비
파형동모는 지역과 시기에 관계없이 방형의 공부에 비파형동검 창날을

---

77) 劉景文, 1984, 「試論西團山文化中的靑銅器」 『文物』 4期.
78) 이건무, 1994, 「遼寧式銅矛에 대하여」 『이기백선생고희기념 한국사학논총』(상), 일조각.

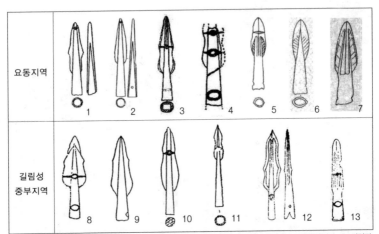

1 · 2. 청원이가보 3. 서풍성신촌 4. 무순축가구M4 5. 본계유가초 6. 관전조가보자 7. 관전사평가 8. 길림장
사산F2 9. 길림후석산M19 10. 영길성성초DM13 11. 영길성성초AM11 12. 교하팔향지 13. 길림장사산63M1

〈삽도 28〉 요동 및 길림성 중부지역 출토 동모

가진 형태가 계속 유행하고 있다. 다만, 공부의 길이와 비파형 창날의 형
태에 약간의 변화가 나타나고 있다. 수량면에서는 요동지역의 경우 출토
양이 적은 반면,[79] 길림성 중부지역에서는 비교적 많은 양이 출토되고 있
어 이 지역에서 더 많이 유행했음을 알 수 있다. 비파형동모는 후기에 전
국식 동모가 유입되면서 폐기된 것으로 추정된다.

3) 銅鏃

지금까지 출토된 동촉은 198점으로, 요하유역 184점 · 반도연해지역 7
점 · 압록강유역 2점, 길림성 중부지역 5점 등이다. 요동지역의 경우 심
양 정가와자M6512에서 전체의 86%에 해당되는 169점이 출토되었다.
동촉의 종류로는 兩翼有莖式 · 三翼有莖式 · 三翼有銎式 등이 있으며, 소달

---

79) 요동지역의 경우 비파형동모보다 유엽형동모가 더 많이 출토되고 있다.

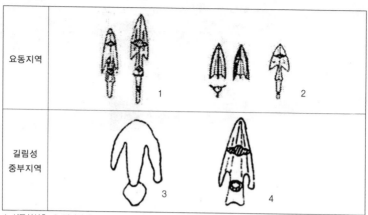

1. 서풍성신촌 2. 정가와자M6512 3. 길림소달구산정대관 4. 양둔대해맹

〈삽도 29〉 요동 및 길림성 중부지역 출토 동촉

구 산정대관에서 출토된 것은 鳴鏑으로 볼 수 있다. 동촉은 두 지역 모두 중기에서부터 확인되기 시작하며, 정가와자유적에서 일부 삼익유공식 화살촉이 발견된 것을 제외하고는 모두 양익유경식이다.

4) 銅斧(范)

지금까지 출토된 동부는 모두 扇形銅斧로 이 유물은 요동지역과 길림성 중부지역의 청동기시대를 대표하는 표지적 유물 중에 하나이다. 지금까지 출토된 선형동부는 모두 38점으로 요하유역 13점·반도연해지역 10점·압록강유역 5점·길림성 중부지역 10점 등이다.

선형동부의 형식분류는 수야청일·추산진호·손수도·우건화·유경문·조빈복·오강원 등에 의해 다양하게 이루어졌다. 전체적으로 선형동부는 기신이 짧은 것에서 점차 긴 것으로, 폭도 넓은 것에서 좁은 것으로 발전하고 있으며, 문양은 무문, 돌대문 혹은 사격자문 등이 보이고 있다.

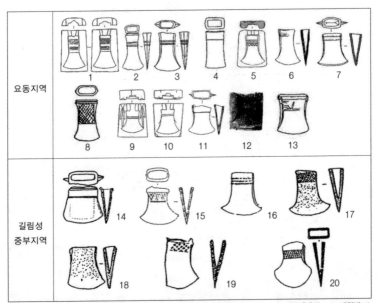

| 요동지역 | |
| 길림성 중부지역 | |

1. 쌍방M6:5   2·4. 후목성역출토   3. 요양이도하자M1   5. 서풍성신촌석관묘   6. 화룡충후둔   7. 대화방M1
8. 정가와자M6512   9·10. 이도하자M1   11. 화룡부풍둔   12. 강상M16   13. 장해대장산   14. 소달구산정대관
15. 동량강M1   16. 소서산M2   17. 후석산서M88   18. 후석산서M19   19. 랑두산M101.   20. 장사산F4

〈삽도 30〉 요동 및 길림성 중부지역 출토 선형동부

　동부는 요동의 경우, 기신의 전체적인 형태가 폭이 넓고 길이가 짧으
며 문양이 없는 무문에서 폭이 좁고 길이가 길어지며, 그물문 혹은 돌대
문 등의 문양이 새겨지는 쪽으로 발전해 가고 있다. 그러나 후기에 들어
서는 복잡한 문양은 사라진다.

5) 銅刀

　동도는 지금까지 37점이 확인되었으며, 요하유역 4점·반도연해지역
2점·길림성 중부지역 31점 등이다. 동도의 경우 다른 종류의 청동기에
비해 길림성 중부지역에서 출토된 예가 월등히 높다는 특징을 보이고 있
다. 동도에 대한 형식분류는 주로 손잡이의 형태에 의해 이루어지며, 두

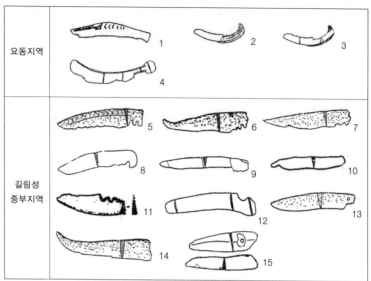

| 요동지역 | 1 2 3
4 |
| 길림성
중부지역 | 5 6 7
8 9 10
11 12 13
14 15 |

1·2·3. 심양정가와자   4. 신빈색가   5·6·7·8. 길림후석산   9·10. 소달구산정대관   11. 영길랑두산
12. 쌍양만보산   13·14. 길림후석산   15. 길림장사산F6

〈삽도 31〉 요동 및 길림성 중부지역 출토 동도

지역에서 확인되는 동도의 형태는 손잡이에 이빨형태의 돌기가 있는 것,
손잡이에 구멍이 뚫려 있는 것, 손잡이 끝에 원형 장식물이 달려 있는 것
등 3종류 만이 확인되고 있다.

　요동지역의 경우 그 출토수량이 극소수에 불과해 분류를 시도하기에
는 다소 어려움이 있다. 길림성 중부지역의 경우 중기에는 치병도가 유
행하지만, 후기에 들어서는 손잡이에 홈을 파거나 구멍을 뚫은 것이 대
부분을 차지하고 있다.

4. 小結

　이상으로 간략하게나마 요동지역과 길림성 중부지역 출토 청동기의
시간적 추이에 따른 변화양상을 살펴보았다. 요동지역에서는 70여 곳의

유적에서 대략 730여 점의 청동기가 출토되었으며, 길림성 중부지역의 경우 17곳의 유적에서 170여 점의 청동기가 출토되었다. 두 지역에서 출토된 청동기의 시간적 변화양상을 살펴보기 위해 청동기와 공반출토된 토기의 형식분류와 편년결과 등을 참고하여 유적을 전·중·후 3시기로 나누었다. 전기는 대략 기원전 10~9세기에 해당되며, 중기는 기원전 8~7세기, 후기는 기원전 5~3세기까지로, 이후 이 지역은 중원식 철기문화로 대체되고 있다.

이러한 시간적 추이에 따라 양 지역에서 출토된 청동기의 변화양상을 비교해 보면, 요동지역은 전기부터 비파형동검·동촉·선형동부 위주의 유물조합을 갖추고 있는 반면, 길림성 중부지역은 비파형동모·선형동부·동도 위주의 청동기가 주를 이루고 있음을 알 수 있다. 또한 두 지역 청동기의 변화양상은 대략 일치하고 있는 것을 확인하였다. 이를 통해 볼 때, 요동지역과 길림성 중부지역 출토 청동기는 동일한 제작범위에 속해 있었던 것으로 파악할 수 있다. 다만 두 지역의 전체적인 문화내용을 통해 볼 때, 길림성 중부지역 청동기는 일부를 제외한 대부분이 요동지역 비파형동검문화의 영향을 받아 제작되었으며, 중원식 청동기 역시 요동지역을 통해 전파된 것으로 파악된다.

제2장   松花江流域의 初期鐵器文化

Ⅰ. 第二松花江流域 初期鐵器時代 文化遺蹟의 特徵과
    文化起源

1. 調査 및 硏究 現況

제이송화강유역의 초기철기시대 유적에 대한 고고학적 조사와 연구
는 청동기시대와 마찬가지로 크게 3시기로 나눌 수 있다.

1) 첫 번째 시기

첫 번째 시기의 고고학적 조사는 다수의 일본인 학자들과 소수의 중국
인 학자에 의해 진행되었다. 1912년 일본인 濱田耕作에 의해 처음으로 長
春市 교외의 고대 문화유적에 대한 조사가 이루어졌다.[80] 이후
1918~1945년 동안 몇몇 학자들에 의해 길림성 중부지역에 대한 여러 차
례의 문물조사가 이루어져 적지 않은 수의 초기철기시대 유적이 발견되
었다.
이 시기의 초기철기시대에 대한 연구는 거의 전무하다고 할 수 있다.

---

80) 吉林省文物志編委會, 1987, 『長春市文物志』, 長春市第五印刷廠

당시 유적을 조사한 연구자들은 조사를 통해 발견된 대부분의 유적을 신석기시대의 것으로 파악하였으나, 이 후 당시 조사된 유적 중 상당수가 초기철기시대에 해당하는 것으로 확인되었다. 이 시기에 초기철기시대 혹은 그 이후에 나타나고 있는 유적에 대해 약간이나마 언급한 이는 李文信이었다. 그는 해방 이전에 東團山과 龍潭山 사이의 기차역 부근에서 2기의 中原式 무덤과 약간의 漢式 유물을 발견하고, 이를 근거로 이 지역에 이미 中原의 漢文化가 유입되었다는 논지를 제시한 바가 있다.[81]

2) 두 번째 시기

두 번째 시기의 경우 해방 이후부터 1960년대까지는 길림성 각 市縣에 대한 기본적인 문화재 지표조사 활동이 주를 이룬 시기였고, 1970년대는 주로 서단산문화 유적에 대한 발굴이 이루어지던 시기로, 발굴과정 중 몇 곳의 서단산문화 유적 상층에서 초기철기시대 문화층이 확인되던 시기이다.

시기별 조사현황을 살펴보면, 1950년에는 荊三林 등에 의해 長春市 南嶺體育場과 動物園 부근의 伊通河 연안에 대한 지표조사가 진행되어 10여 곳의 유적이 발견되었고,[82] 1953년에는 王城賢 등에 의해 길림시 일대에 대한 첫 번째 문화재 지표조사가 이루어졌다.[83] 1954년에는 길림시 江北 土城子遺蹟에 대한 발굴이 이루어져, 그 상층에서 초기철기시대 유물이 발견되었고,[84] 1955~1956년에는 東北人民大學 歷史系에 의해 장춘시 교외의 伊通河 주변과 길림시 근교에 대한 문물조사가 이루어져 10여 곳의

81) 李文信, 1937, 「吉林龍潭山遺蹟报告1·2·3」『滿洲史学』第1卷2号·第3号·第2卷2号.
　　李文信, 1946, 「吉林市附近之史蹟與遺物」『歷史與考古』1, 沈阳博物馆.
82) 荊三林, 1954, 「長春近郊伊通河流域史前文化遺跡調查報告」『厦門大學學報-文文版-』.
83) 王城賢等, 1956, 「吉林市組織文物普查工作進行吉林市附近第一次文物普查」『文物參考資料』12.
84) 吉林省博物館, 1957, 「吉林江北土城子遺址及石棺墓」『考古學報』1.

유적이 발견되었다.[85] 조사 보고자는 발견된 대부분의 유적을 신석기시대의 것으로 파악하였는데, 이후의 연구결과 당시 발견된 유적 중 몇 곳은 초기철기시대에 해당되는 것으로 판명되었다. 1958년에는 王亞州에 의해 田家坨子유적에 대한 조사가 이루어졌다.[86] 1960년에는 길림성 각 市縣의 文物志를 편찬하기 위해 길림성 전역에 대한 대규모의 문화재 지표조사가 이루어져 모두 30여 곳의 초기철기시대 유적이 발견되었다.[87]

1970년대 들어서는 1971년 길림성 박물관에 의해 永吉縣 楊屯 大海猛유적에 대한 시굴이 이루어졌고,[88] 1973년에는 永吉縣 學古東山유적이 발견되어 같은해 10월과 1975년 9월 두 차례에 걸쳐 시굴이 이루어져 초기철기시대 주거지와 저장구덩이 등이 발견되었다.[89] 1974년에는 길림시 박물관에 의해 東團山 일대에 대한 소규모의 시굴이 이루어져, 초기철기시대의 유물이 출토되었다.[90] 이밖에도 吉林大學 歷史系 考古專業에 의해 農安縣 田家坨子유적에 대한 시굴이 이루어져 주거지 1기가 발견되었다.[91] 1979년에는 여러 유적에 대한 발굴이 이루어졌는데, 먼저 길림시 박물관에 의해 樺甸縣 西荒山屯 古墳群에 대한 두 차례의 발굴이 이루어져 무덤 8기와 무덤 구덩이(墓坑) 2기 그리고 유물 480여 점이 출토되었다.[92] 같은 해 楊屯 大海猛유적에 대한 1차 발굴이 진행되어 주거지 6기·저장구덩이 1기·토광묘 4기·옹관묘 3기 등이 발견되었다.[93] 이밖에도

85) 王雅周, 1956, 「在長春伊通河畔的田野考古調査」 『文物參考資料』 1.
  　王城賢, 1957, 「吉林市附近發現多處古代文化遺址」 『考古通訊』 3.
86) 王亞洲, 1958, 「吉林農安田家坨子遺址的發現與初步調査」 『吉林大學人文科學學報』 3.
87) 당시 문물조사에 참가한 인원은 대부분 비전문가로서 이들은 吉林省 文物考古硏究所에서 3개월간 교육을 받은 후 현장에 투입되었다.
88) 劉振華, 1973, 「永吉楊屯遺址試掘簡報」 『文物』 8.
89) 吉林市博物館, 1981, 「吉林永吉縣學古東山遺址試掘簡報」 『考古』 6.
90) 董學增, 1982, 「吉林東团山原始, 漢, 古句麗, 渤海諸文化遺址調査略報」 『博物館硏究』 1.
91) 吉林大學歷史系考古專業, 1979, 「吉林農安田家坨子遺址試掘簡報」 『考古』 2.
92) 吉林省文物工作隊 等, 1982, 「吉林樺甸西荒山屯青銅短劍墓」 『東北考古與歷史』 1.
93) 吉林市博物館, 「吉林永吉楊屯大海猛遺址」 『考古學集刊』, 第5集.

磐石縣 梨樹上屯 西山에서도 무덤 1기가 발견되어 조사가 이루어졌다.[94]

이 시기의 연구는 주로 청동기시대 문화인 서단산문화에 편중되어 있어, 초기철기시대 문화에 대해서는 인식조차 하지 못하고 있었다. 이러한 상황에서 초기철기시대 문화유적에 대한 연구에 새로운 국면을 제시한 이는 張忠培였다. 그는 60년대 초 길림시 일대에 대한 정밀 지표조사를 실시한 후, 그 자료를 토대로 이 지역의 문화유형을 '文化1'·'文化2'·'文化3'으로 나누었는데,[95] 그 중 '文化3'을 서단산문화 이후에 나타나고 있는 일종의 새로운 문화유형으로 규정하였다.[96]

3) 세 번째 시기

세 번째 시기는 1980~90년대로, 이 시기는 초기철기시대 유적에 대한 조사와 발굴이 대량으로 증가하여, 제이송화강유역 초기철기시대에 대한 연구에 전환점을 이룬 시기이다. 먼저 1980년에 길림성 문물공작대에 의해 舒蘭縣 黃魚圈珠山유적에 대한 두 차례의 발굴이 이루어져 초기철기시대에 해당하는 석관묘 1기가 확인되었다.[97] 1980~84년에 걸쳐 長春市文物管理委員會 辦公室에서 德惠·九台·双陽 등 飲馬河 주변 지역에 대한 정밀 문물조사를 실시하여 약간의 초기철기시대 유적이 발견되었다.[98]

1982년에는 길림시 박물관에 의해 泡子沿前山유적에 대한 발굴이 이루어져, 주거지 상층 퇴적토 상에서 초기철기시대의 유물이 출토되었다.[99] 또한 永吉縣 楊屯 大海猛유적에 대한 3차 발굴이 이루어져 주거지 8기·

---

94) 張永平·于嵐, 1993,「磐石縣梨樹上屯西山竪穴巖石墓」『博物館研究』2.

95) 張忠培는 "文化一"을 新石器時代文化로, "文化二"를 西團山文化로 판명하였다.

96) 張忠培, 1963,「吉林市郊古代遺址的文化類型」『吉林大學社會科學學報』1.

97) 吉林省文物工作隊, 1985,「吉林舒蘭黃魚圈珠山遺址淸理簡報」『考古』4.

98) 長春市文物管理委員會, 1986,「吉林省飲馬河沿岸古文化遺存調查簡報」『考古』9.

99) 吉林市博物館, 1985,「吉林市泡子沿前山遺址和墓葬」『考古』6.

저장구덩이 2기·토광묘 2기·옹관묘 1기가 발견되었다.[100] 1983년에는 장춘시 문물관리위원회와 덕혜시 문화국이 공동으로 덕혜시 전 지역에 대한 문물조사를 실시하여 王家坨子 古墳群, 北嶺 古墳群, 亮子溝遺蹟, 西七 道泉子遺蹟 등에서 초기철기시대의 유물이 수습되었다.[101] 또한 장춘시 문 물관리위원회 판공실에 의해 双陽 萬寶山에서 초기철기시대에 해당하는 1 기의 석관묘가 조사되었다.[102] 1984년에는 길림대학 역사계 고고전업에 의해 德惠市와 農安縣의 일부 유적에 대한 조사가 이루어져, 초기철기시 대 유물이 수습되었다.[103] 이밖에도 길림성 문물고고연구소에 의해 덕혜 시 北嶺 古墳群에 대한 발굴이 이루어져 토광묘 2기가 발견되었다.[104]

1986년에는 길림성 문물고고연구소에 의해 農安縣 邢家店 北山 古墳群 에 대한 발굴이 이루어져 모두 26기의 초기철기시대 무덤이 발견되었 다.[105] 이밖에도 公主嶺市 猴石村에서 무덤 1기가 발견되어 조사가 이루어 졌다.[106] 1988년에는 장춘시 문물관리위원회 판공실에 의해 장춘시 교외 의 石碑嶺遺蹟에 대한 발굴이 이루어졌는데, 이 과정에서 초기철기시대 의 유물이 수습되었다.[107] 1989년 5월에는 길림성 문물고고연구소에 의 해 九台市 石砬山·關馬山 古墳群에 대한 발굴이 이루어졌다.[108] 1995년에 는 吉長(吉林-長春)고속도로 건설과정에서 九台市 董家遺蹟에서 초기철기 시대 유물이 출토되었다.[109]

100) 陳家槐, 1982,「吉林省永吉楊屯大海猛古遺址3次考古發掘槪況」『吉林省考古學會通訊』2.
　　　吉林省文物工作隊,「吉林永吉楊屯遺址第3次發掘」『考古學集刊』7集.
101) 劉紅宇, 1984,「長春市德惠縣原始文化遺址調査述要」『博物館硏究』1.
　　　_____, 1985,「吉林省德惠王家坨子北嶺發現的古代遺存」『北方文物』1.
102) 許彦文, 1984,「吉林双陽萬寶山石棺墓」『黑龍江文物叢刊』3.
103) 吉林大學歷史系考古專業, 1985,「吉林省農安德惠考古調査簡報」『北方文物』1.
104) 吉林省文物考古硏究所, 1993,「吉林德惠縣北嶺墓地調査與發掘」『考古』7.
105) 吉林省文物考古硏究所, 1989,「吉林農安縣邢家店北山墓地發掘」『考古』4.
106) 武保中, 1989,「吉林公主嶺猴石古墓」『北方文物』4.
107) 安文榮, 1991,「長春石碑嶺出土的靑銅時代遺物」『博物館硏究』1.
108) 吉林省文物工作隊, 1991,「吉林九台市石砬山·關馬山西因山文化墓地」『考古』4.
109) 吉林省文物考古硏究所, 1996,「吉林省九台董家遺址發掘簡報」『博物館硏究』3.

이 시기에 접어들면서 제이송화강유역 초기철기시대 문화유적에 대한 연구는 획기적인 도약을 맞이하게 된다. 즉, 이 시기로 들어서면서 서단산문화에 대한 연구가 어느 정도 정리되었고, 이로 인해 연구의 방향이 점차 서단산문화 이후에 출현하고 있는 초기철기시대 문화유적으로 전환되었다. 그러나 학계에서는 1980년대까지만 해도 초기철기시대에 대한 존재를 깨닫지 못하고 이 시기를 서단산문화의 晚期에 해당하는 것으로 파악하여, 제이송화강유역은 서단산문화에서 곧바로 부여로 전환되는 것으로 보았다. 그러나 1980년대 중반에 접어들면서 점차 서단산문화 시기와 부여 사이에 초기철기시대 문화가 존재한다는 것을 인식하기 시작하였다.

당시에 이루어진 초기철기시대 관련 연구내용을 간략하게 정리해 보면, 1982년 劉振華는「試論吉林西團山文化晚期遺存」이라는 글에서 1980년대 이전에 발굴된 몇 곳의 유적에 대한 자료를 분석하여, 서단산문화 유물과 중원 한문화 유물의 공생관계, 서단산문화 후기에 해당하는 유적의 특징과 서단산문화와 한문화 사이의 관계 등에 대한 문제점을 살펴보고, 서단산문화는 한문화가 이 지역에 들어온 이후에도 일정한 기간 동안 지속되었다는 논지를 제시하였다.[110]

1985년 劉紅宇는「試論田家坨子遺存有關問題」라는 글에서 전가타자유적의 문화적 특징과 주변문화와의 관계를 비교 분석하여, 그 문화적 성질을 서단산문화 혹은 漢書一·二期文化와는 전혀 다른 새로운 문화유형으로 파악하고, 그 사용집단에 대해서는 서단산문화인과 동일한 것으로 파악하였다. 더불어 이 유적의 연대를 戰國 晚期에서 漢代 初期에 사용된 것으로 추정하였다.[111]

---

110) 劉振華, 1982,「試論吉林西団山文化晚期遺存」『東北考古與歷史』1.
111) 劉紅宇, 1985,「試論田家坨子遺存有關問題」『北方文物』1.

1986년에는 張立明이 발표한「吉林泡子沿前山遺址及其相關問題」라는 글은 제이송화강유역 초기철기시대 연구에 새로운 전환점을 제공하였다. 그는 포자연전산유적의 발굴자료를 정리하는 과정에서 주거지 내에 두 개의 서로 다른 문화층이 존재하고 있는 것을 확인하였다. 주거지 하층유적은 서단산문화층이고 상층유적은 장충배가 주장한 '문화3'에 속하는 층으로, 그는 이 문화층을 '泡子沿類型'이라 명명하였다. 또한 포자연유형의 유물은 제이송화강유역 및 길림성 중부의 대부분 지역에 걸쳐 분포하고 있을 뿐만 아니라, 멀게는 渾江유역의 유적에서도 포자연유형의 유물과 유사한 성격을 지닌 유물들이 출토되고 있다는 논지를 제시하였다.[112] 馬德謙은 1987년과 1991년에 각각 발표한 글에서 제이송화강유역에서 나타나고 있는 중원 漢계통의 문화는 기존의 서단산문화와는 전혀 다른 새로운 유형의 문화이며, 이 문화의 계통적 기원이 서단산문화와 白金寶文化, 그리고 중원 한문화에서 기인하는 것으로 파악하였다.[113]

1993년 金旭東은 農安 邢家店北山 古墳群의 발굴자료를 분석하여 고분군의 문화성질·분기·연대 및 문화 계통에 대한 문제점을 살펴보고, 邢家店類型의 발생과 발전과정에 서단산문화·漢書二期文化·平壤 古墳群 등의 문화요소가 내재되어 있으며, 團結文化·寶山文化 등과도 밀접한 관계가 있는 것으로 파악하였다.[114] 같은 해에 발표된 喬梁의「吉長地區西團山文化之后的幾種文化遺存」에서는 처음으로 제이송화강유역 초기철기시대 문화에 대해 본격적으로 다루고 있다. 그는 이 글에서 서단산문화 이후에 나타나고 있는 새로운 문화유형을 泡子沿類型·黃魚圈珠山M1等 遺蹟·邢家店 古墳群 等 遺蹟·田家坨子類型·漢陶 遺蹟 등으로 나누고, 각

---

112) 張立明, 1986,「吉林泡子沿前山遺址及其相關問題」『北方文物』2.
113) 馬德謙, 1987,「淡淡吉林龍潭山,東團山一帶的漢代遺物」『北方文物』4.
　　　, 1991,「夫餘文化的幾個問題」『北方文物』2.
114) 金旭東, 1993,「試論邢家店類型及其相關問題」『博物館研究』2.

문화유형의 유적과 유물을 비교 분석하여 그들의 문화적 淵源과 문화유형간의 관계에 대해 논리적인 추론을 시도하고 있다.[115]

2. 主要 遺蹟

현재까지 문화재 지표조사나 시굴 혹은 발굴을 통해 발견된 제이송화강 유역 초기철기시대 문화유적은 모두 30여 곳에 달한다. 그러나 이 중 공식적으로 자료가 발표 된 곳은 10여 곳에 불과하며, 그 밖의 유적은 대부분 지표조사나 현지 주민의 신고로 발견된 후 내부자료를 통해 발표된 곳들이다. 이 중 대표적인 초기철기시대 유적들에 대해 살펴보도록 하겠다.

1) 西荒山屯 古墳群[116]

서황산둔 고분군은 樺甸縣 橫道河子鄉 中友村 西荒山屯에 위치해 있으며, 무덤은 서황산둔 東山·后山·太平屯 東山 등의 산 정상부에 입지해 있다. 1979년 길림성 문물공작대와 길림시 박물관에 의해 세 지점에 대한 발굴이 이루어져 모두 8기의 무덤과 2기의 墓坑이 발견되었다. 무덤은 산 위의 암석을 그대로 파서 묘실과 묘도를 만들었으며, 덮개돌은 커다란 판석을 이용하고 있다. 장식은 다인·다차·화장이 사용되고 있으며, 묘실 바닥에 5~6겹으로 자작나무 껍질을 깔아 관재로 사용하고 있다.

부장품은 모두 480점이 출토되었으며, 종류로는 청동기·철기·석기·토기·장식품 등 매우 다양하게 출토되고 있다. 청동기는 검·도·화살촉·팔찌·가락지·대롱·동경·동구 등이 있으며, 이 중 丁字形 손잡

115) 喬 梁, 1993,「吉長地區西團山文化之后幾種古代遺存」『遼海文物學刊』2.
116) 吉林省文物工作隊等, 1982,「吉林樺甸西荒山屯靑銅短劍墓」『東北考古與歷史』1.

이가 달린 곡인의 세형동검과 촉각식 손잡이가 달린 세형동검이 가장 특징적이라 할 수 있다. 석기는 도끼 · 석도 · 천공석구 · 방추차 · 숫돌 · 연마기 · 갈돌받침 등이 있으며, 철기는 자귀 · 낫 · 도 등이 있다. 토기는 모두 협사 갈색계통 무문토기가 주를 이루고 있으며, 기고가 10cm 내외의 명기가 대부분을 차지하고 있다. 대표적인 기종으로는 배 · 관 · 발 · 방추차 등이 있다. 이밖에도 394점의 장신구가 출토되었는데, 각양각색의 석관, 유리관, 마노관, 석주(石墜) 등이 있다.

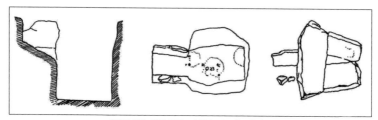

〈삽도 32〉 서황산둔 고분군 M2 평 · 단면도

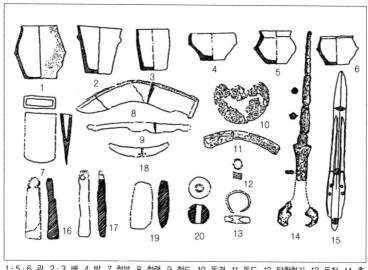

1 · 5 · 6. 관 2 · 3. 배 4. 발 7. 철부 8. 철렴 9. 철도 10. 동경 11. 동도 12. 탄황형기 13. 동천 14. 촉각식검 15. 세형동검 16 · 17. 숫돌 18. 석도 19. 석부 20. 석구

〈삽도 33〉 서황산둔 고분군 출토유물

2) 石砬山 古墳[117]

석립산 고분은 九台市 西營城鎮 榆樹棵村 七隊屯 동쪽 300m 지점의 석
립산에 위치해 있다. 1989년 이미 심하게 파괴훼손된 2기의 무덤을 길림
성 문물고고연구소와 구태시 문물관리소가 합동으로 수습발굴을 실시하
였다. 무덤의 형식은 장방형의 수혈 토광에 벽면을 괴석으로 쌓았고, 바
닥은 암석을 그대로 이용하거나 괴석을 깔고 있다. 개석은 커다란 판석
을 이용하여 덮고 있다. 장식은 다인·다차·화장이 이용되고 있으며,
묘실 벽면에서 목탄 흔적이 발견된 것으로 보아 목질 장구가 사용된 것
으로 추정된다.

출토유물로는 배·발·관·격·방추차 등의 토기류와 석도·도끼·
숫돌·대롱 등의 석기류, 동구·동촉 등의 청동기 등이 있다.

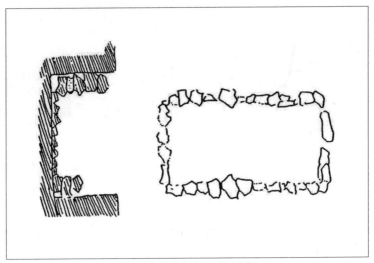

〈삽도 34〉 석립산유적 M1 평·단면도

---

117) 吉林省文物工作隊, 1991,「吉林九台市石砬山·關馬山西團山文化墓地」『考古』4.

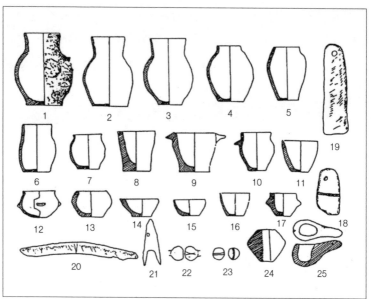

1~3. 호 4~7·12·13. 관 8~10·17. 배 11·16. 발 14·15. 완 18. 석부 19. 숫돌 20. 동도 21. 동화
살촉 22·23. 동구 24. 방륜 25. 주걱

〈삽도 35〉 석립산유적 출토유물

3) 關馬山 古墳[118]

관마산 고분은 九台市 西營城鎭 關馬山村 一隊屯 남쪽 250m 지점의 王
八山에 위치해 있으며, 석립산 고분과는 1.25km 거리에 있다. 이 무덤
역시 이미 심하게 파괴 훼손된 것을 1989년 길림성 문물고고연구소와 구
태시 문물관리소가 합동으로 수습발굴을 실시하였다. 무덤의 형식은 석
립산 고분과 같으나, 무덤의 규모가 제이송화강 일대에서 지금까지 발견
된 것 중 가장 크다. 장식은 다인·다차·부분화장이 이용되고 있으며,
장구는 사용되지 않고 있다.

---

118) 吉林省文物考古研究所, 1991,「吉林九台市石砬山·關馬山西團山文化墓地」『考古』4.

출토유물로는 관·호·두·완 등의 토기가 있으며, 이 중 가장 특징적인 것은 두반(豆盤)이 관형(罐形)이고, 손잡이 부분에 구멍이 뚫린 두를 들 수 있다. 석기는 모두 숫돌이며, 옥기는 붉은색 마노를 사용하여 만들고 있는데, 중간에 대칭으로 구멍이 나 있다. 골각기는 장방형의 골판(骨板) 1점이 출토되었다. 청동기는 도와 패식이 있다.

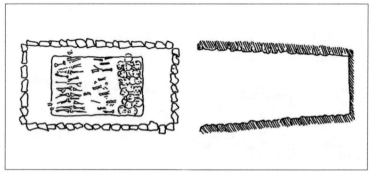

〈삽도 36〉 관마산유적 M1 평·단면도

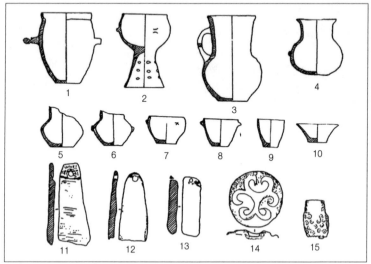

1. 관 2. 두 3~6. 호 7. 발 8·9. 배 10. 완 11.~13. 숫돌 14. 동패식 15. 골각기

〈삽도 37〉 관마산유적 출토유물

4) 董家遺蹟[119]

동가유적은 九台市 西營城鎭 董家村 南山에 위치해 있다. 1994년 吉長
(吉林-長春)고속도로 건설로 인한 문화재 지표조사에서 확인되었다.
1995년 길림성 문물고고연구소와 구태시 문물관리소에 의해 부분적인
발굴이 이루어졌으나, 유구는 확인되지 않았고, 흑색 토층상에서 석기
15점과 대량의 토기편이 출토되었다. 석기는 모두 마연석기로 도·삽·
도끼·자귀·연마기·끌·찌르개·석구 등이 있으며, 토기는 모두 잔편
으로 수량은 많으나 심하게 파손되어 복원이 불가능하다. 주요 기종으로
는 관·두·호 등이 있다.

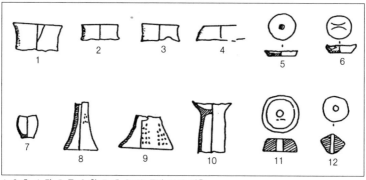

1~3. 호 4. 관 5. 증 6. 완 7. 배 8~10. 두병 11.12. 방윤

〈삽도 38〉 동가유적 출토유물

---

119) 吉林省文物考古硏究所, 1996,「吉林省九台董家遺址發掘簡報」『博物館硏究』3.

5) 泡子沿前山 上層遺蹟[120]

포자연전산 상층유적은 吉林市 江北 龍潭區 合肥路 與勞動路 협각지대에 위치해 있다. 1982년 길림시 박물관에 의해 발굴이 이루어져, 주거지 4기·석관묘 11기·옹관묘 2기가 발견되었다. 이 중 주거지 내부에서 상·하 두 개의 문화층이 발견되었는데, 하층은 서단산문화층이며, 상층은 서단산문화 유물과 더불어 초기철기시대 유물이 함께 출토되었다.

상층의 초기철기시대 유물로는 토기·석기·철기 등이 있다. 토기는 호·관·완·두·방추차·그물추·니질승문회색토기편 등이 발견되었으며, 석기는 도끼·자귀·끌·도·화살촉·그물추(网墜)·찌르개·갈돌받침·숫돌 등이 있고, 철기는 2점으로 자귀와 괭이가 출토되었다.

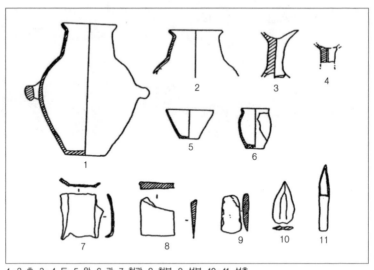

1·2. 호 3·4. 두 5. 완 6. 관 7. 철곽 8. 철분 9. 석분 10·11. 석촉

〈삽도 39〉 포자연전산유적 상층유적 출토유물

---

120) 吉林市博物館, 1985, 「吉林市泡子沿前山遺址和墓葬」『考古』6.

6) 學古東山遺蹟[121]

학고동산유적은 永吉縣 烏拉街鎮 學古村의 吉舒(吉林-舒蘭)철로와 도로
가 교차하는 곳의 자그마한 구릉에 위치해 있다. 1973년과 1975년 두 차
례에 걸쳐 길림시 박물관에 의해 시굴이 이루어졌다. 유적에서는 상·하
두 개의 문화층이 발견되었는데, 하층유적에서는 주거지 1기와 회갱(灰
坑) 1기가 발견되었고, 상층유적에서는 회갱 1기가 발견되었다. 주거지
는 장방형의 수혈식으로 바닥은 황토다짐이 되어 있다. 출입시설은 서벽
남단으로 추정되며, 주거지 남쪽에 노지 1개가 설치되어 있고, 주동은
확인되지 않았다. 주거지 실내에서 발견된 저장구덩이는 솥 형태이며,
내부에서 돌도끼 2점이 출토되었다.

출토유물은 하층의 경우 모두 37점으로 토기 17점, 석기 20점이다. 토
기는 발·완·관·호·반·주형기(舟形器)·그물추 등이 있으며, 석기는

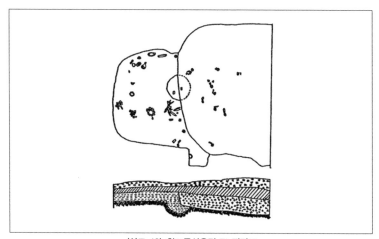

〈삽도 40〉 학고동산유적 F1 평면도

---

121) 吉林市博物館, 1981, 「吉林永吉縣學古東山遺址試掘簡報」『考古』6.

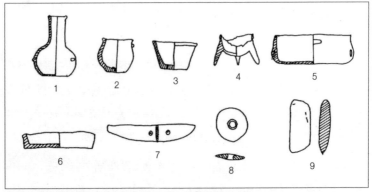

1. 호 2. 관 3. 완 4. 정 5. 주형기 6. 반 7. 석도 8. 환상석기 9. 석부

〈삽도 41〉 학고동산유적 F1 출토유물

도끼·도·낫·연마기·환상석기 등이 있다. 상층에서는 니질승문회색 계통의 토기편 11점과 철기 13점 등 모두 24점이 출토되었다. 토기 기종으로는 관·호·증·두·발 등이 있으며, 철기는 창·괭이·자귀·끌·낫·송곳 등이 있다.

7) 楊屯 大海猛遺蹟[122]

대해맹유적은 永吉縣 烏拉街鎭 楊屯村 동남쪽 500m 지점의 구릉에 위치해 있다. 1971년 길림시 박물관에 의해 제1차 발굴이 이루어 졌으며, 1979~1981년에는 길림시 박물관·길림성 문물공작대·영길현 문화국 등에 의해 3차에 걸친 발굴이 이루어졌다.

이 유적은 상·중·하 세 개의 문화층이 확인되었는데, 하층유적에서

---

122) 劉振華, 1973,「永吉楊屯遺址試掘簡報」『文物』8.
　　吉林市博物館,「吉林永吉楊屯大海猛遺址」『考古學集刊』, 第5集.
　　陳家槐, 1982,「吉林省永吉楊屯大海猛古遺址3次考古發掘槪況」『吉林省考古學會通訊』2.
　　吉林省文物工作隊等,「吉林永吉楊屯遺址第3次發掘」『考古學集刊』, 7集.

는 1차 발굴에서 주거지 6기·저장구덩이 1기·토광묘 4기·옹관묘 3기
가 확인되었다. 3차 발굴에서는 주거지 8기·저장구덩이 2기·토광묘 2
기·옹관묘 1기가 발견되었다. 중층유적에서는 1차 발굴시 저장구덩이
3기, 3차 발굴에서도 저장구덩이 3기 등 모두 6기가 확인되었다. 주거지
의 형식은 모두 수혈식이며, 형태는 말각방형·말각장방형·불규칙형
등이 있다. 바닥은 황토다짐이 보이고 있으며, 일부 주거지는 황토다짐
을 한 후, 불에 구워 더욱 견고하게 사용하고 있다. 출입시설은 주거지마
다 방향이 다르게 나타나고 있다.

　노지는 실내의 중간 혹은 출입시설 주변에 돌로 쌓거나 땅을 파서 만
들었는데, 하나의 주거지에 적게는 1개부터 많은 경우 5개까지 발견되고
있다. 기둥구멍은 주거지의 가장자리와 중앙에서 모두 발견되고 있다.
이밖에도 일부 주거지는 실내에 옹관이 묻혀 있다. 주거지 주변에서는
토광묘와 저장구덩이가 발견되고 있는데, 토광묘는 단인일차장으로 부
장품은 매납되지 않고 있으며, 일부는 돼지 뼈가 매납되어 있다.

　출토유물로는 하층의 경우 관·호·정·주형기 등의 토기와 도끼·
자귀·도·낫·화살촉·창·송곳·그물추·장신구류 등의 석기가 있
다. 골각기로는 송곳·끌·화살촉·칼손잡이 등이 확인되고 있다. 이밖
에도 주거지 내부에서 돼지·소·양·개 등의 뼈가 발견되고 있다. 중층
의 경우 저장구덩이에서 토기와 철기가 출토되고 있는데, 토기는 관·부
·옹·발·호·거푸집·박자 등이 있으며, 철기는 가위 1점이 유일하
다.

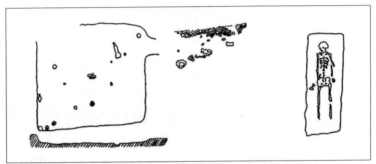

〈삽도 42〉 양둔 대해맹유적 F1 및 M12 평면도

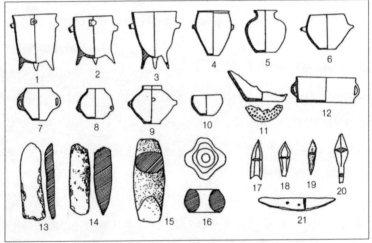

1~3. 정 4~9. 관 10. 발 11. 증 12. 주형기 13 · 15. 석부 14. 석착 16. 석추 17~20. 석촉 21. 석도

〈삽도 43〉 양둔 대해맹유적 출토유물

8) 黃魚圈珠山유적[123]

황어권주산유적은 舒蘭縣 法特鄕 黃魚圈村 서쪽 珠山에 위치해 있다. 1960년 서란현 전체에 대한 문화재 지표조사에서 발견되었으며, 1980년

---

123) 吉林省文物工作隊, 1985, 「吉林舒蘭黃魚圈珠山遺址淸理簡報」, 『考古』4.

과 1981년 길림성 문물공작대에 의해 두 차례에 걸쳐 발굴이 이루어졌다. 이 유적에서는 4개의 문화층이 확인되었는데, 가장 상층인 1층에서는 靺鞨-渤海시기의 유적이 발견되었으며, 2층에서는 무덤 1기와 저장구덩이 1기·주거지 1기 등이 확인되었다. 3층과 4층에서는 주거지 8기가 발견되었다. 주거지는 대부분 말각장방형 혹은 장방형의 수혈식이며, 바닥은 황토다짐을 한 후, 불에 구워 단단하게 다지고 있다. 노지는 실내 중앙에 1개가 설치되어 있으며, 주동은 발견되지 않았으나, 실내에서 석판이 발견되고 있다. 중층에서 발견된 무덤은 석관묘로 벽과 바닥에 괴

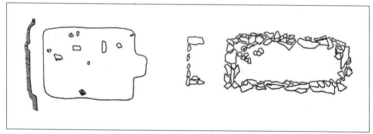

〈삽도 44〉 황어권주산유적 F6 및 M1 평·단면도

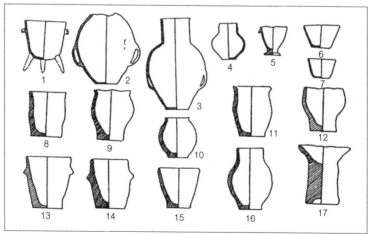

1. 정 2. 관 3·4. 호 5. 배 6·7. 완 8~14. 관 15. 배 16. 호 17. 두(1~7:F6출토, 8~17:M1출토)

〈삽도 45〉 황어권주산유적 제2문화층 출토유물

석이 깔려 있으며, 개석은 발견되지 않았다.

초기철기시대의 2층 무덤에서는 토기만이 확인되고 있으며, 기고가 10cm 이하의 명기들이 대부분을 차지하고 있다. 기종으로는 두·관·호·배 등이 있다. 저장구덩이에서는 정·관·완·배 등이 출토되었다. F9에서는 발견된 유물에 대해서는 보고서에 명확하게 명시되어 있지 않으나, 구멍이 3개 이상인 증 잔편이 출토된 것으로 기록되어 있다.

9) 王家坨子·北嶺 古墳群[124]

왕가타자 고분군은 德惠縣 菜園子鄕 新立村 王家坨子屯 서쪽의 대지상에 위치해 있으며, 북령 고분군은 德惠縣 菜園子鄕 北嶺村에 위치해 있다. 왕가타자와 북령 고분군은 1983년 장춘시 문물관리위원회와 덕혜현 문화국에서 실시한 문화재 지표조사에서 발견되었다. 1984년 길림성 문물고고연구소에 의해 두 고분군에 대한 조사가 이루어졌다. 조사결과 왕가타자에서는 토기 1점만이 수습되었으며, 북령에서는 2기의 무덤이 발굴되었다. 무덤의 형식은 장방형의 토광묘이며, 단인일차장과 이차장이 모두 이용되고 있다.

두 곳의 고분군에서 출토된 유물은 모두 토기로 같은 형식에 속하는 것 들이다. 왕가타자에서는 고복관(鼓腹罐), 고령관(高領罐), 발(鉢), 루공고권족두(鏤孔高圈足豆) 등이 각각 1점씩 출토되었다. 북령 고분군에서는 모두 20점이 출토되었는데, 관 9점, 두 10점, 호 1점 등이다.

---

124) 吉林省文物考古硏究所, 1993,「吉林德惠縣北嶺墓地調查與發掘」『考古』7.
    劉紅字, 1985,「吉林省德惠王家坨子北嶺發現的古代遺存」『北方文物』1.
    長春市文物管理委員會, 1986,「吉林省飮馬河沿岸古文化遺存調查簡報」『考古』9.

〈삽도 46〉 북령 고분군 M1 평 · 단면도

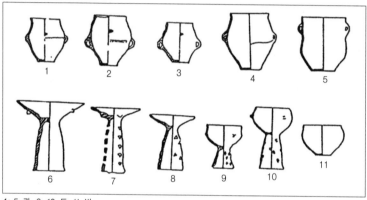

1~5. 관 6~10. 두 11. 발

〈삽도 47〉 왕가타자 · 북령 고분군 출토유물

10) 邢家店北山 古墳群[125]

형가점북산 고분군은 農安縣 靑山口鄕 靑山口村 邢家店屯 북쪽 250m 지점의 제이송화강 남안의 대지상에 위치해 있다. 1985년 농안현 문물관

---

125) 吉林省文物考古研究所, 1989, 「吉林農安縣邢家店北山墓地發掘」『考古』4.

리소에서 실시한 문화재 지표조사에서 발견되었으며, 현지 농민들이 오랫동안 흙을 채취해 가는 과정에서 무덤들이 심하게 훼손되었다. 1986년 길림성 문물고고연구소에 의해 정식 발굴이 이루어져 모두 26기의 무덤이 발견되었다. 무덤은 모두 장방형의 관곽을 사용하지 않은 순수토광묘이며, 장식은 앙신직지의 단인장 · 이인장 · 삼인장 · 다인장이 등이 보이며, 일차장 · 일이차혼합장 · 이차장이 모두 사용되고 있고, 일부에서는 화장 흔적도 나타나고 있다.[126]

출토유물은 모두 61점으로 토기가 대부분을 차지하고 있으며, 소량의 청동기와 골각기도 확인되고 있다. 토기는 협사 혹은 갈색계통의 무문토기가 주를 이루고 있으며, 니질계통의 태토를 가진 토기도 일부 확인되고 있다. 대표 기종으로는 관 · 두 · 배 · 완 등이 있다. 청동기는 단추 2점이 발견되었으며, 골각기로는 화살촉과 각종 동물의 이빨을 이용한 장신구, 말 이빨 등이 있다.

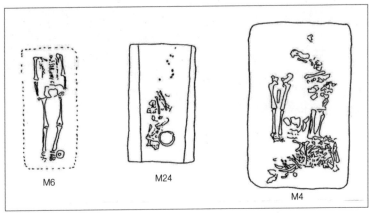

〈삽도 48〉 형가점북산 고분군 M6 · M24 · M4 평면도

---

126) M10 · M15 · M24에서 불에 태운 흔적이 발견되었다.

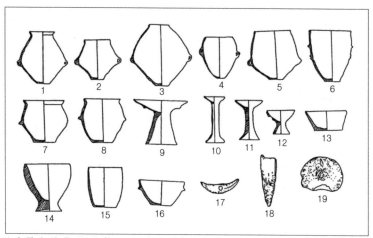

1~8. 관 9~12. 두 13·16. 완 14·15. 배 17. 장신구 18. 골촉 24. 방추차

〈삽도 49〉 형가점북산 고분군 출토유물

11) 田家坨子遺蹟[127]

　전가타자유적은 農安縣 小城子鄕 李林通村 田家坨子屯의 모래언덕에 위치해 있다. 1958년 길림대학 역사학과에서 실시한 문물조사에서 발견되었으며, 1974년에 길림대학 역사학과 고고학전공에 의해 시굴이 이루어져 주거지 1기가 발견되었다. 주거지는 말각장방형의 수혈식 주거지로 바닥은 황토를 바른 후, 불에 구워 단단하게 다지고 있다. 노지는 실내의 동쪽 정중앙에 1개가 설치되어 있다. 주공은 확인되지 않았다.

　출토유물로는 토기의 경우 협사계통·니질계통·채회니질계통 등 3종류의 태토가 확인되고 있으며, 색은 홍갈색이 주를 이루고 있다. 문양은 무문이 대부분을 차지하고 있으며, 소량의 승문·선문·지갑문(指甲

---

127) 王亞州, 1958, 「吉林農安田家坨子遺址的發現與初步調査」 『吉林大學人文學報』 3.
　　吉林大學歷史系考古專業, 1979, 「吉林農安田家坨子遺址試掘簡報」 『考古』 2.

紋)·비점문(篦点紋) 등이 보이고 있다. 주요 기종으로는 정·관·호·두·완 등이 있다. 석기는 도끼와 연마기가 각각 1점씩 출토되었으며, 청동기는 화살촉 2점만이 확인되었다. 이밖에도 주거지 주변에서 철부 잔편과 철초자(鐵焦子) 등이 발견되었다.

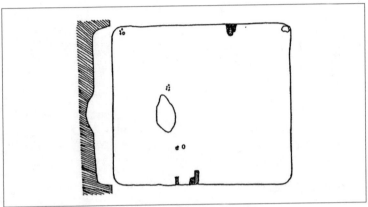

〈삽도 50〉 전가타자유적 F1 평·단면도

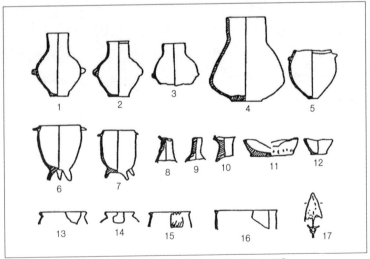

1~4. 호 5. 옹 6·7. 정 8~10. 두 11. 기저부 12. 완 13~16. 관 구연부 17. 동촉

〈삽도 51〉 전가타자유적 출토유물

12) 猴石 古墳[128]

후석 고분은 公主嶺市 二十家子鎭 猴石村 八社屯 서쪽 500m 지점의 구릉성 산 정상부에 위치해 있는데, 이 산은 대흑산산맥의 줄기에 해당된다. 1986년 공주령시 문화국에 의해 수습발굴이 이루어졌다. 무덤의 형식은 장방형의 토광을 파고 네 벽에 불규칙한 괴석을 쌓아 벽면을 만들고, 바닥은 석판을 깔고 있다. 무덤의 개석은 하나의 커다란 판석을 사용하여 덮고 있다. 장식은 부장 유물이 층위별로 나타나고, 소성흔이 보이는 것으로 보아 다인·다차·화장이 이용된 것으로 보인다. 또한 묘벽 둘레에서 목탄 흔적이 확인되고 있어 목질의 관곽이 사용되었던 것으로 추정된다.

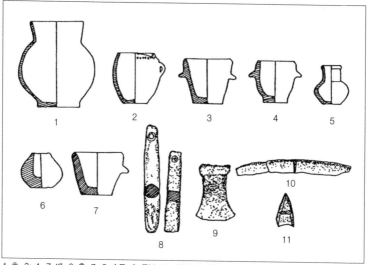

1. 호 2~4·7. 배 6. 충 7·8. 숫돌 9. 동부 10. 동도 11. 석촉

〈삽도 52〉 후석 고분 출토유물

---

128) 武保中, 1989, 「吉林公主嶺猴石古墓」『北方文物』 4.

출토유물은 토기의 경우 모두 18점이 출토되었는데, 대부분 태토에 모래가 혼입된 협사도 계통으로 흑황색과 갈색이 주를 이루고 있으며, 표면은 마광(磨光)[129]처리를 하고 있다. 문양은 대부분 무문이며, 일부에서 둥근 착점문(戳点紋)이 보이고 있다. 기고는 대부분 10cm 내외로 명기에 속하는 것들이며, 대표 기종으로는 압형호(鴨形壺) · 호 · 배 · 반 등이 있다. 청동기는 도끼 · 도 · 끌 · 화살촉 · 팔찌 · 포숙(泡飾) 등이 출토되었으며, 석기는 화살촉 · 숫돌 · 석구 · 마노주 등이 있다.

3. 地域別 初期鐵器文化의 特徵

위에서 살펴본 유적들은 유적이 입지한 자연지형에 따라 문화내용상에 많은 차이를 보이고 있다. 즉 이 지역은 双陽-九台-楡樹를 선으로 하는 大黑山山脈을 중심으로 동쪽은 산악지대로, 서쪽은 평원지대로 구분할 수 있다.[130] 이로 인해 선사시대부터 두 지역의 고고학적 문화내용은 서로 판이하게 나타나고 있다. 즉 동쪽의 산악지대는 대부분의 무덤이나 주거지 등에 석재가 주 원료로 사용되고 있는 반면, 서쪽의 평원지대는 무덤이나 주거지를 축조하는데 있어 흙을 그대로 굴광하여 만든 순수 수혈형태가 대부분을 차지하고 있다. 이는 위에서 살펴본 유적을 통해서도 분명하게 확인할 수 있는데, 대흑산맥을 포함한 산악지대에서 확인된 무덤유적은 모두 석재를 이용해 만든 대개석묘 계통이며, 서쪽의 평원지역에서는 순수 토광묘 계통만 확인되고 있다. 대개석묘의 경우 자연 암반을 파내 묘광과 묘도를 만든 형태와 흙을 장방형으로 파 묘광을 만들고

---

129) 토기 표면을 마연하여 반질반질하게 빛이 나는 형태를 말함.

130) 중국 동북지역의 전체적인 자연지형은 沈陽에서 哈爾濱을 잇는 철도를 경계로 以西지역은 平原이 넓게 펼쳐져 있으며, 以東지역은 구릉과 산악으로 이루어져 있다.

吉林省科學技術委員會 主辦, 1989, 『吉林省陸地衛星影像圖集』, 東北師範大學出版社.

그 안에 괴석을 쌓아 묘실을 만든 형태로 나눌 수 있다. 출토유물 역시 산악지대는 석재를 이용해 만든 석기가 발달해 있는 반면, 평원지대는 뼈나 조개껍질을 이용한 골각기나 방기(蚌器)가 발달해 있다.

위에서 살펴본 유적들을 자연지형에 따라 지역별로 분류해 보면, 첫 번째는 길림합달령과 대흑산산맥을 중심으로 하는 산악지대로 서황산둔 고분군 · 석립산 고분 · 관마산 고분 · 동가유적 · 후석 고분 등이 대표적이다. 두 번째는 길림시 일대로 이 지역 역시 평원지형과 산악지형이 교차하는 지역으로 나지막한 구릉과 평원으로 이루어져 있으며, 대표유적으로는 대해맹 중층유적 · 학고동산 중층유적 · 포자연전산 상층유적 · 황어권주산 중층유적 등이 있다. 세 번째는 제이송화강의 하류에 해당하는 평원지역인 덕혜, 농안 일대로 대표유적으로 형가점북산 · 왕가타자 고분 · 북령 고분군 · 전가타자유적 등이 있다.

1) 길림합달령과 대흑산산맥 일대

길림합달령은 북쪽으로 길림시 북부 舒蘭縣 일대에서 시작하여 서남쪽으로 이어져 遼寧省과 吉林省의 경계인 分水嶺까지 이어져 있다. 산맥의 남쪽으로 뻗은 능선 상에서 발원한 유하가 휘발하와 합류하여 제이송화강에 유입되고 있으며, 북쪽으로 뻗은 능선에서 이통하와 음마하가 발원하여 북으로 흘러 제이송화강에 유입되고 있다.

길림합달령 일대를 대표하는 유적은 서황산둔 고분군으로 길림합달령의 남록에 위치해 있다. 서황산둔 고분군과 그 주변에서 확인되는 대개석묘 유적은 휘발하와 인접해 있어 휘발하 상류지역의 東豊, 梅河口市 일대에서 확인되는 대개석묘 유적과 동일한 문화내용을 보이고 있다. 즉 무덤의 형식이 모두 대개석묘인 점, 장식으로 다인 · 다차 · 화장이 사용되고 있는 점에서 일치하고 있다.[131] 출토유물에서도 서로 유사한 기형들이 나타나고 있는데, 예를 들면 토기의 경우 서황산둔 M3:25 · 26 관은 趙秋溝 고분군에서 출토된 87BJM2:3 관과 유사하며[132], 大陽유적에서 출토된 관도 이와 유사하다.[133] 서황산둔 H2:1 관 역시 조추구 고분군의 87BJM3:1 관과 유사하며,[134] 大陽 유적과 十大望유적에서도 비슷한 형식의 관이 보이고 있다.[135] 이밖에도 서황산둔 M1:1 배는 조추구 고분군에서 출토된 것과 일치하고 있다.[136]

철기의 경우 서황산둔에서 출토된 철자귀와 철낫은 휘발하 상류지역에서 출토되는 것과 매우 유사한데,[137] 이러한 형식의 철자귀와 철낫은 河北 燕下都 · 熱河 興隆 · 內蒙古 哲盟 奈曼沙巴營子 · 撫順 蓮花堡 등지에서 출토되는 전국시기의 철자귀와 형식면에서 일치하고 있다.[138]

위의 내용을 통해 볼 때, 서황산둔 고분군과 그 주변에서 확인되는 대개석묘 유적은 휘발하 상류지역의 동풍, 매하구 일대 문화와 같은 유형에 속하는 것으로 추정할 수 있다. 다만 서황산둔 고분군에서 보이는 암석을 직접 파내어 묘실과 묘도를 만들고 있는 무덤형식은 다른 지역에서는 잘 보이지 않은 매우 독특한 특징이라 할 수 있다.

서황산둔 고분군을 대표로 하는 길림합달령 주변의 대개석묘 유적의 세부적인 내용에 대해서는 다음 장에서 자세히 다루어 보도록 하겠다.

다음은 대흑산산맥 일대의 대개석묘 유적으로 석립산 고분, 관마산 고분, 후석 고분 등이 있다. 대흑산산맥은 북으로 九台市 上河灣鎭 일대에서 시작하여 남서쪽으로 이어지다가 四平市 일대에서 끝나고 있다. 이

---

131) 金旭東, 1991, 「1987年吉林東豊南部盖石墓調査與清理」 『遼海文物學刊』 2.
132) 金旭東, 1991, 「1987年吉林東豊南部盖石墓調査與清理」 『遼海文物學刊』 2, 14쪽(圖4-8).
133) 吉林省文物志編委會, 1987, 『東豊縣文物志』, 長春市人民印刷廠, 22쪽.
134) 金旭東, 1991, 「1987年吉林東豊南部盖石墓調査與清理」 『遼海文物學刊』 2.
135) 吉林省文物志編委會, 1987, 『東豊縣文物志』, 長春市人民印刷廠, 22 · 26쪽.
136) 金旭東, 1991, 「1987年吉林東豊南部盖石墓調査與清理」 『遼海文物學刊』 2, 14쪽(圖4-9).
137) 耿鐵華 · 王志敏 · 李魁星, 1989, 「柳河縣一統河流域的原始文化遺」 『博物館研究』 1.
138) 吉林省文物工作隊等, 1982, 「吉林樺甸西荒山屯青銅短劍墓」 『東北考古與歷史』 1.

지역은 산악지대와 평원지대가 경계를 이루는 지점으로 이 지역에서 확인된 유적에서는 두 지역의 문화교류 현상이 잘 나타나고 있다.

이 지역의 무덤형식은 장방형의 토광을 파고 그 안에 괴석을 쌓아 묘실과 묘도를 만든 대개석묘 형식이 주로 발견되고 있다. 이 종류의 무덤 중 가장 서남쪽에 위치한 공주령 후석 고분은 동요하−휘발하 상류지역의 대표적인 초기철기시대 문화인 보산문화의 문화요소와 눈강 하류 일대의 대표적인 초기철기시대 문화인 한서이기문화의 문화요소가 동시에 나타나고 있다. 즉 무덤의 형식과 장식 그리고 출토유물 대부분이 동요하 상류지역의 문화내용과 일치하고 있는 반면, 오리모양의 압형호는 일찍이 요녕성 朝陽, 길림성 通榆縣 興隆山, 흑룡강성 齊齊哈爾 등에서 출토된 바가 있어,[139] 북방초원계통의 문화요소가 초기철기시대에 들어서면서 이 지역에 유입되고 있는 것을 알 수 있다. 이는 무덤이 위치한 공주령 지역이 요서 및 송눈평원과 인접해 있는 지리적 영향에 의한 것으로 파악된다.

대흑산산맥의 중부에 위치한 석립산과 관마산 고분은 지리적으로 음마하를 통해 휘발하 북쪽 능선과 연결되어 있다. 그로 인해 다른 지역에 비해 보산문화의 문화요소가 많이 나타나고 있다. 예를 들면 석립산 고분과 관마산 고분에서 보이는 수혈석광식 대개석묘 형식이 보산문화에서 흔히 보이는 형식이며, 두 지역의 묘제 역시 일치하고, 토기도 동일한 유형이 많이 확인되고 있다. 예를 들면 석립산의 ys:2 관은 서황산둔 M3:25 관이나 십대망유적에서 출토된 관과 유사하며,[140] 석립산의 ST4 ②:1 배는 용두산유적에서 출토된 87BLM1:2 배와 형식면에서 일치하고 있다.[141]

---

139) 武保中, 1989, 「吉林公主嶺岭石古墓」 『北方文物』 4.
140) 吉林省文物志編委會, 1987, 『東豊縣文物志』 長春市人民印刷廠, 26쪽(圖8-5).
141) 金旭東, 1991, 「1987年吉林東豊南部盖石墓調査與淸理」 『遼海文物學刊』 2, 17쪽(圖8-3).

관마산 고분의 경우 다른 수혈석광식 대개석묘와는 무덤의 규모, 장식, 출토유물 등에서 약간의 차이를 보이고 있다. 이러한 차이점은 다른 무덤에 비해 장시간 사용된 것에서 기인한 것으로 보인다. 즉, 묘실 내에 인골이 5층으로 쌓여 있고, 이중 가장 아래층의 인골에서만 화장 흔적이 보이고 있는 점, 부장품이 명기와 더불어 실용기가 함께 출토되고 있는 점 등은 이 무덤이 오랜 기간 사용되면서 무덤 사용집단에 묘제의 변화가 있었음을 설명해 주고 있다. 이 무덤이 사용된 기간은 두 시기로 나누어 볼 수 있는데, 첫 번째 시기는 가장 아래층으로 화장이 이용되고, 부장품으로 명기가 사용된 시기로 석립산 고분이 연대와 비슷한 시기로 볼 수 있다. 이후의 층은 인골을 그대로 매장하고, 실용기를 부장품으로 사용하던 시기로 후대에 해당된다. 관마산 고분에서 출토된 인골의 14C 측정 결과가 B.P 2030±95로 나타나고 있어 대략 기원전후로 볼 수 있다.[142] 이상의 내용을 통해 볼 때, 이 무덤의 사용 기간은 대략 기원전 3세기경에서 기원전후에 해당하는 것으로 추정할 수 있다.

동가유적의 경우 비록 유구는 발견되지는 않았지만, 출토된 토기 중에 휘발하 상류지역에서 발견되고 있는 루공두가 보이고 있는 점, 안쪽 바닥에 한 줄의 진흙 띠가 둥글게 붙어 있는 완이 휘발하 상류의 大架山 유적에서도 보이고 있는 점[143] 등을 통해 볼 때, 보산문화의 영향이 강하게 나타나고 있다.

---

142) 中國社會科學院考古硏究所 編, 1992,『中國考古學中碳十四年代數据集1965~1991』, 文物出版社.
143) 吉林省文物志編委會, 1987,『東豊縣文物志』, 長春市人民印刷廠, 51쪽(圖12-6).

유적 \ 유물	호(壺)		관(罐)	배(杯)	완(碗)
횡혈석광식묘	1	3	5	7	9
주변 유적	2	4	6	8	10

1. 공주령 후석 2. 제제합이 대통삼가자 3. 석립산ys14 4. 보산87BM1:1 5. 석립산ys:2 6. 서황산둔M3:25
7. 석립산ST4②:1 8. 용두산87BLM1:2 9. 동가T1411②:4 10. 대가산

〈삽도 53〉 대흑산산맥 일대 대개석묘 유적과 주변지역 유적 출토 유물비교

이밖에도 일부에서는 騷達溝 山頂大棺을 초기철기시대 유적으로 보는 견해가 대두되고 있다. 이 무덤은 길림시 교외의 소달촌 북쪽 東山의 산 정상부에 위치해 있다. 1949년 王亞洲에 의해 처음 발굴이 이루어졌다. 그러나 그가 발굴보고서 초안만을 작성하고 절세하는 바람에 제3자에 의해 완성되어 처음 발굴 때와는 조사내용에 약간의 차이가 있다. 이로 인해 무덤의 연대에 대해 많은 이견이 제기되고 있는데, 아직까지 확실한 결론이 내려지지 않고 있다.

이 무덤의 연대에 대한 견해를 정리해 보면, 첫째는 기원전 8~6세기대로 보는 설,[144] 둘째는 기원전 4~3세기대로 보는 설,[145] 셋째는 기원전 7~3세기까지로 보는 설,[146] 등으로 나눌 수 있다. 필자의 경우, 무덤의 형식이

---

144) 賈瑩・張淑華, 1996,「騷達溝山頂大棺文化所屬及年代範圍的探討」『博物館研究』3.
145) 吉林省博物館・吉林大學考古專業, 1985,「吉林市騷達溝山頂大棺整理報告」『考古』10.
　　張錫瑛, 1986,「試論騷達溝山頂大棺的文化性質」『考古』6.
146) 劉景文, 1983,「西團山文化墓葬類型及發展序列」『博物館研究』1.

수혈암석식 대개석묘와 유사한 점, 소달구 주변에서 산정대관과 같은 형식의 무덤이 발견되었을 때 그 안에서 철기가 출토되고 있다는 점,[147] 출토 유물 중 청동도(571)의 기형이 석립산 고분의 청동도(ys:29)와 매우 유사한 점,[148] 청동 화살촉(586)[149]의 형식이 양두대해맹 하층 주거지에서 출토된 청동 화살촉(T10③:12)과 유사하다는 점 등을 들어 두 번째 설에 비중을 두고자 한다. 다만 출토된 유물 중 호(566)와 선형동부의 연대가 비교적 높게 올라가고 있는데, 이러한 모순점을 해결해야 하는 난제가 남아 있다. 이 무덤의 연대에 대한 문제는 소달구 주변에 있는 산정대관과 같은 형식의 무덤을 발굴한 이후에 보다 정확한 결론을 얻을 수 있을 것이다.

위에서 살펴본 대개석묘 유적들의 특징을 종합해 보면 무덤의 형식에서 약간의 차이가 있을 뿐[150] 장식과 출토된 토기의 태토가 모두 협사도 계통이며 갈색 위주라는 점, 문양이 모두 무문이며 대부분 10cm 내외의 명기 위주라는 점, 기형에서도 유사한 형식이 많이 보이고 있다는 점,[151] 등과 석기의 재질이 모두 같은 점, 기형면에서도 유사한 것이 많이 보이고 있는 점[152] 등에서 대개석묘 유적이 발견되고 있는 대흑산산맥 지역과

---

147) 張錫瑛, 1986,「試論騷達溝山頂大棺的文化性質」『考古』6.

148) 칼날의 끝이 위로 향하고, 손잡이 부분에 톱니 날이 있는 점에서 일치하고 있다.

149) 발굴보고서에서는 鳴鏑으로 명명되어 있으나, 朱永剛 敎授는 이것을 화살촉으로 보았다.

150) 그러나 이러한 차이점은 輝發河 상류지역인 東豊縣 大陽지역 일대에서 竪穴岩石式과 竪穴石壙式이 함께 발견되고 있다는 점에서 문화적인 차이로 보기는 어려운 것 같다. 金旭東의 경우 이러한 차이점을 시기적인 차이에서 기인하는 것으로 보고 있는데, 즉 竪穴石壙式은 戰國 시기에 주로 사용되었으며, 竪穴岩石式은 戰國末에서 漢初에 사용된 것으로 보았다.

金旭東, 1991,「1987년吉林東豊南部盖石墓調査與淸理」『遼海文物學刊』2.

151) 예를 들면 황어권주산의 M1:9 관은 석립산의 SM1:3 관과, 석립산의 ys:11 관은 관마산의 M1:3 관과 유사하다. 서황산둔의 M4:18 배는 황어권주산 M1:2 배 또는 관마산 M1:1 배와 매우 유사하며, 서황산둔 M1:1 배는 황어권주산 M1:6 배와, 서황산둔 M3:24 배는 석립산 SM1:5 배와 유사하다. 황어권주산 M1:4 배는 석립산 ST4②:1 혹은 관마산 M1:2 배와 유사하다. 황어권주산 M1:8 호는 석립산 ys:14 호와 역시 매우 유사하다고 할 수 있다.

152) 서황산둔의 M5:1 도끼(斧)와 石砬山의 SM2:5 도끼(斧)가 서로 일치하며, 서황산둔 M4:9 도(刀)와 소달구유적에서 출토된 569 도가 형식면에서 매우 유사하고, 숫돌의 경우 한쪽 면에 구멍을 뚫은 것들이 유행하고 있다는 점 등에서 일치하고 있다.

길림합달령지역은 하나의 문화권으로 묶을 수 있다. 지형적으로도 이 두 지역은 낮은 구릉성 산맥이 지나가고 그 주변으로 강이 흘러 넓은 충적 대지가 형성된 동일한 지형적 특징을 가지고 있다. 다만 현재까지 이 지역에 대한 고고학적 조사와 발굴작업이 부족한 형편이어서 문화 명칭을 붙이는 것은 아직 이른 감이 있다. 이후 이 지역에 대한 발굴작업이 더 많이 진행되면 이러한 문제점들이 해결될 것으로 기대한다.

2) 길림시 일대

길림시 일대에서 확인된 유적은 대부분 생활유적으로 양둔 대해맹유적의 주거지와 저장구덩이, 학고동산유적의 주거지와 저장구덩이, 포자연전산유적의 주거지 상층퇴적 등을 들 수 있다. 고분유적은 황어군주산 M1이 유일하다. 이들 유적들은 대부분 제이송화강의 중류지역 강가 연안의 낮은 구릉이나 대지상에 위치해 있다.

길림시 일대에서 가장 북단에 위치한 황어권주산 중층유적에서는 대개석묘 계통 무덤 1기와 주거지 1기가 확인되었다. 이 형식의 무덤은 아직까지 황어권주산유적 주변에서 확인된 예가 없다. 무덤의 형식과 출토된 유물을 통해 볼 때, 이 무덤은 대흑산산맥 일대의 수혈석광식 대개석묘의 영향을 받은 것으로 볼 수 있다. 같은 층에서 확인된 주거지와 저장구덩이는 주거지의 형식면에서 서단산문화 주거지와 거의 유사하나 출토유물 중 바닥에 여러 개의 구멍이 뚫린 증이 보이는 점으로 미루어 보아, 대해맹유적의 중층의 주거지와 비슷한 시기로 추정할 수 있다.[153]

이들 유적 중 대해맹유적의 주거지와 저장구덩이는 서단산문화와 눈

---

153) 서단산문화의 甑은 일반적으로 구멍이 중앙에 한 개 나와 있는 단공인 반면에, 이 시기에 들어 다공증이 출현하고 있는데, 대해맹유적 중층에서도 황어권주산 중층에서 출토된 多孔甑과 유사한 형태의 다공증(T6③:4)이 출토되고 있다.

강하류 한서이기문화의 문화요소가 동시에 나타나고 있다. 먼저 주거지의 형태가 말각방형·말각장방형·불규칙형·타원형 등 다양하게 보이고 있다는 점, 바닥면은 암반층을 그대로 이용하거나 황토다짐을 하고 있는 점, 주거지 벽면과 출입구를 석재로 쌓아 만들고 있는 점, 석재를 이용해 노지를 만들고 있는 점 등에서 기존의 서단산문화 주거지와 별반 차이를 보이지 않고 있다. 다만 이 시기에 들어 일부 주거지에서 주거지를 조성하면서 석재를 사용하지 않고, 바닥면을 황토다짐 후 소성하여 사용하고 있는 점 등은 한서이기문화의 영향으로 볼 수 있다.

출토유물에서도 서단산문화와 한서이기문화의 영향이 동시에 나타나고 있다. 예를 들면 토기가 대부분 협사도에 갈색계통이라는 점, 토기의 기형 중 대해맹의 I식 정(F6:9)과 황어권주산의 I식 정(F3:10) 등은 후석산의 I식 정(79서M33:6)과 유사한 점, 대해맹의 A I식 관(F2:2)과 후석산의 관(79서M19:12)이 서로 유사한 점, 대해맹의 III식 호(T4③:8)와 후석산의 호(79서M59:5)가 유사한 점, 석기의 기형이 서단산문화의 것과 일치하고 있다는 점 등에서 서단산문화의 영향을 찾아 볼 수 있다. 또한 극소수이기는 하나 이 시기에 들어 태토가 니질계통에 부가퇴문(附加堆紋)이 장식된 토기가 발견되고 있는 점, 세로방향의 손잡이가 발달하고 있다는 점,[154] 주형기가 출토되고 있는 점 등은 눈강 하류의 한서이기문화의 영향으로 볼 수 있다.

대해맹유적에서 발견된 토광묘와 옹관묘는 모두 유물이 출토되지 않아 그 정확한 시기는 파악할 수 없다. 단지 유적의 층위관계를 통해 볼 때, 하층유적과 같은 층위에 있어 하층유적의 일부로 보고 있다. 토광묘의 경우 묘의 형식이 기존에 이 지역에서 보이지 않던 새로운 형식이라

---

154) 세로방향의 손잡이는 서단산문화 유적 중의 하나인 소달구 고분군(CM18·CM1:1)에서도 확인된 바가 있고, 동료하휘발하 상류지역에서도 일부 발견되고 있으나, 눈강 하류지역에서 가장 많이 발견되고 있기 때문에 이 지역 문화의 표지적 특징으로 보고자 한다.

는 점에서 주목을 받고 있다. 다만 장식이 단인일차장에 앙신직지라는 점, 묘실 내에서 돼지 두개골이나 뼈가 출토되고 있는 점[155] 등은 서단산문화의 영향이 아직 강하게 남아 있음을 알 수 있다. 옹관묘의 경우 대부분 주거지 가장자리에 위치해 있는데, 이러한 형식의 옹관묘가 포자연전산 하층 주거지에서도 발견되고 있는 점으로 보아 서단산문화와 밀접한 관련이 있을 것으로 추정된다. 이상의 내용을 통해 볼 때, 대해맹유적이 사용되는 기원전 4세기대에 들면 주변으로부터 새로운 형태의 문화요소가 유입되어 기존의 석관묘와 더불어 토광묘와 옹관묘 등의 묘제가 함께 사용되는 것으로 파악할 수 있다. 다만 이러한 토광묘와 옹관묘 등의 묘제가 유입된 것과 관련해서는 눈강 하류지역 한서이기문화의 영향을 받은 것으로 보는 견해와 전국시기 중원문화의 영향을 받은 것으로 보는 견해로 나누어 지고 있다.

포자연전산유적 주거지에서는 상·하 두 개의 문화층이 발견되었는데, 하층유적퇴적은 서단산문화 시기의 것이고, 상층유적은 출토유물의 특징을 놓고 볼 때, 이 지역에 새롭게 나타나고 있는 초기철기시대 문화유형으로 볼 수 있다. 포자연전산 상층유적을 대표하는 가장 특징적인 유물인 토기를 예로 들면, 기존의 서단산문화의 토기와는 큰 차이점을 확인할 수 있다. 포자연전산 상층유적에서 출토된 토기에 내재된 문화요소를 분석해 보면, 태토가 기존의 서단산문화 토기는 가는 모래가 혼입된 협사도계통인 반면에, 포자연전산 유적의 토기는 태토에 굵은 모래가 혼입된 협조사도계통으로 변화하고 있다. 이렇게 토기의 태토에 굵은 모래가 혼입되는 양상은 동요하-휘발하 상류지역의 보산문화에서 많이 보이는 것으로 이 지역의 영향을 받은 것으로 추정할 수 있다. 이밖에도 출

---

155) 서단산문화 대부분의 무덤에서 돼지 이빨 · 돼지 턱 · 돼지 두개골 등이 발견되었다.
　　董學增, 1993,『西團山文化研究』, 吉林文史出版社, 16쪽.

토된 유물 중 정과 격 등의 삼족기(三足器)가 보이지 않고, 두·관·호가 성행하고 있다는 점 등은 보산문화의 영향으로 판단된다.

또한 토기의 기형에서도 포자연전산에서 출토된 손잡이 안쪽이 차있는 실심두(實心豆)와 東豊縣 小龍頭山유적에서 수습된 실심두[156)가 일치하고 있다. 이런 점을 통해 볼 때, 포자연전산에서 새롭게 나타나고 있는 협조사계통의 토기는 동요하–휘발하 상류지역 보산문화의 영향을 받아 제작된 것으로 볼 수 있다. 석기는 서단산문화의 석기와 내용과 형식면에서 별 차이가 없으나 수량 면에서 대량으로 감소하고 있다. 이밖에도 상층에서 니질회색계통의 토기와 철괭이, 철자귀 등 중원 漢 계통의 영향을 받은 유물들이 함께 출토되고 있다. 또한 일부 주거지 내부에서 말이빨이 출토되고 있는데, 이는 아마도 한서이기문화의 영향을 받은 것으로 볼 수 있다.[157)

그러나 앞에서 살펴본 4곳의 생활유적은 사용연대에 있어 약간의 시간적 차이를 보이고 있다. 즉, 대해맹유적과 황어권주산유적의 주거지와 저장구덩이는 한서이기문화의 영향이 일부 보이고 있으나, 서단산문화의 영향이 아직 강하게 내재되어 있다는 점에서 대략 기원전 4~3세기대로 추정할 수 있다. 학고동산 주거지와 저장구덩이의 경우 출토된 유물의 기형이 대해맹유적의 주거지에 출토되고 있는 유물에 비해 후대의 것이라는 점에서 대해맹유적 보다 약간 늦은 시기로 추정할 수 있으며, 대략 기원전 3세기대로 볼 수 있다. 포자연전산유적 주거지 상층유적의 경우 주거지 내부에서 철기가 출토되고 있어 이들 생활유적 중 가장 늦은 시기로 볼 수 있으며, 대략적인 연대는 기원전 3세기 말에서 2세기 초로

---

156) 吉林省文物志編委會, 『東豊縣文物志』, 53쪽(圖13-4).
157) 서단산문화 주거지에서는 돼지·소·양·개의 뼈가 출토되고 있는 반면, 한서이기문화의 주거지나 무덤에서는 말뼈 혹은 말 이빨이 많이 출토되고 있다.

볼 수 있다.[158]

3) 제이송화강 하류 덕혜·농안 일대

제이송화강 하류의 덕혜·농안 일대는 넓은 평원지역으로 유적은 주로 강가 연안의 대지 혹은 낮은 구릉상에 입지해 있다. 먼저 분묘유적의 특징을 살펴보면, 모두 토광묘계통으로 이통하와 음마하가 제이송화강으로 유입되는 지점에 위치해 있다. 이 지역에서 발견된 토광묘는 모두 무덤의 형식과 장식이 일치하고 있을 뿐만 아니라, 출토유물 역시 유사한 기형들이 주를 이루고 있어,[159] 최근에는 이 지역을 하나의 문화권으로 묶어 보려는 시각이 보편화되고 있으며, 일부에서는 이 종류의 유적들은 통칭하여 '邢家店類型'이라 명명하고 있다.[160]

이 유형의 무덤은 구조와 형식 그리고 출토유물을 통해 볼 때, 눈강 하류의 한서이기문화와 밀접한 관련이 있다. 즉, 무덤의 형식이 모두 장방형의 순수토광묘란 점, 관곽이 사용되지 않고 있는 점, 단인장과 다인장이 함께 사용되고 있는 점, 일차장, 일·이차혼합장, 이차장이 모두 보이는 점,[161] 형가점북산 출토 인골이 형질인류학상으로 完工 古墳群에서 출토된 인골과 근접하다는 점,[162] 묘실 내부에 말 이빨을 매납하고 있다는 점 등에서 일치하고 있다.

무덤에서 출토된 유물 중 가장 많은 수를 차지하고 있는 토기의 경우

---

158) 吉林市博物館, 1985, 「吉林市泡子沿前山遺址和墓葬」『考古』6.

159) 각각의 무덤에서 출토된 토기의 형식을 살펴보면, 왕가타자의 고복관은 북령의 고복관과 유사하며, 왕가타자의 관형루공두는 북령의 관형루공두와 루공의 형태만 다를 뿐, 형식면에서는 일치하고 있다. 또한 북령의 반식두는 형가점북산의 반식두와 형식면에서 일치하고 있다.

160) 金旭東, 1993, 「試論邢家店類型及其相關問題」『博物館研究』2.

161) 吉林大學歷史系考古專業·吉林省博物館, 1975, 「吉林大安漁場古代墓地」『考古』6.
    松原市博物館, 1998, 「吉林省松原市后山土木墓葬淸理簡報」『北方文物』2.

162) 朱泓·王培新, 1989, 「吉林農安邢家店北山墓地的古代人骨」『考古』4.

관과 두가 가장 특징적이다. 관의 경우 그 기형이 주변의 다른 유적에서
는 찾아 볼 수 없는 아주 독특한 형태를 보이고 있다. 다만 왕가타자와
북령에서 출토된 손잡이 사이에 닭 벼슬 모양 혹은 물고기 등뼈모양의
첨이(貼耳)가 달린 형식의 관은 비록 잔편이지만 동가유적에서 출토된 예
가 있다.[163]

豆의 경우 주변의 한서이기문화나 서단산문화에서는 출토되지 않는
손잡이에 구멍이 뚫린 루공두(鏤孔豆)가 많이 보이고 있다. 이로 인해 이
전의 연구자들은 요서 혹은 요동지역의 청동기문화 혹은 흑룡강성 동부
의 단결문화, 더 넓게는 바다 건너 산동지역의 신석기문화에서 그 계통
적 연원을 찾고 있다.[164] 필자의 경우 형가점유형 유적에서 출토되고 있
는 루공두의 계통적 연원을 동요하-휘발하 상류의 보산문화에서 찾고자

유물\유적	관형두반	완형두반	천반형두반	T자형	十자형	사각형
형가점유형	1	3	5	7	9	11
보산문화	2	4	6	8	10	12

1. 왕가타자 2. 길흥둔 3. 북령M2:2 4. 길흥둔 5. 형가점 6. 길흥둔 7. 북령M1:2 8. 마가령 9. 북령M1:3
10. 사가가서산 11. 형가점M5:1 12. 동가T1411②:3

〈삽도 54〉 형가점유형과 보산문화 출토 두 비교

---

163) 吉林省文物考古硏究所, 1996,「吉林省九台董家遺址發掘簡報」『博物館硏究』3, 75쪽(圖4-19・21).
164) 劉紅宇, 1985,「吉林省德惠王家坨子北嶺發現的古代遺存」『北方文物』1.
　　吉林省文物考古硏究所, 1993,「吉林德惠縣北嶺墓地調査與發掘」『考古』7.

한다. 이러한 점은 두 지역에서 발견된 두의 형식에서 가장 잘 나타나고 있는데, 伊通縣 吉興屯유적에서 수습된 두 중에는 형가점유형 유적에서 발견된 것과 유사한 형태의 관형(罐形), 천반형(淺盤形), 완형(碗形) 두반(豆盤)이 모두 보이고 있으며, 두반에 돌기 모양의 손잡이가 붙어 있는 점도 일치하고 있다.[165]

이밖에도 두 손잡이에 구멍이 있는 것과 없는 것이 모두 발견되고 있는 점, 구멍의 형태 역시 형가점유형에서 발견되고 있는 세모형, 십자형, T자형, 네모형이 이 지역에서도 모두 발견되고 있다는 점 등에서 일치하고 있다.[166] 이밖에도 네모형태 구멍의 경우 음마하 중류지역인 동가유적에서도 확인되고 있으며, T자형 구멍의 경우 이통하 중류의 馬家嶺유적에서 확인되고 있다.[167]

손잡이에 구멍이 없는 소면고권족두(素面高圈足豆)의 경우 大城子−團結文化에서 유사한 형식의 두가 발견되는 점을 들어 이전 연구자들은 형가점유형의 소면고권족두가 단결문화의 영향을 받은 것으로 파악하였다.[168] 최근 들어 소면고권족두의 전파과정을 요동반도−제이송화강유역(형가점유형)−연해주지역(단결문화)로 보는 설이 대두되고 있는데,[169] 이는 매우 설득력 있는 견해라 할 수 있다.

필자의 경우 요동지역의 소면고권족두가 연해주 일대의 단결문화지역으로 전파된 경로를 두 갈래로 보고 있는데, 첫 번째 경로는 요동반도→동요하 · 휘발하유역→제이송화강유역→연해주 일대로 이어지는 것으로 安文榮의 의견과 일치하는데, 다만 요동반도의 문화가 직접적으로 제

---

165) 吉林省文物志編委會, 1988, 『伊通縣文物志』, 25쪽.

166) 『東遼縣文物志』· 『四平縣文物志』· 『伊通縣文物志』· 『梨樹縣文物志』· 『双遼縣文物志』· 『東豊縣文物志』· 『通化縣文物志』참조.

167) 吉林省文物志編委會, 1986, 『長春市文物志』, 14쪽.

168) 林 沄, 1985, 「論團結文化」『北方文物』1.

169) 安文榮, 1999, 「長春地區靑銅時代考古遺存的初步硏究」『長春文物』, 第11 · 12合刊.

이송화강유역의 형가점유형에 영향을 미친 것이 아니라, 동요하·휘발하 유역을 거쳐 이 지역에 전파된 것으로 보고 있다. 두 번째 경로는 요동반도→혼하 상류→연해주 일대로 이어지는 것으로, 비록 잔편이지만 혼하 상류에서 소면고권족두가 발견되고 있다는 점[170]에 착안하여 새로운 경로로 제시해 보고자 한다. 이밖에도 실심두의 경우, 형식에서 노하심유적 중층에서 출토된 것과 거의 일치하고 있으며, 배의 경우 석립산, 혹은 서황산둔에서 출토된 것과 유사하다.

이렇게 동요하-휘발하유역의 문화요소가 강하게 나타나고 있는 것은 두 지역간의 지형적 조건과도 밀접한 관련이 있다. 즉 형가점유형 유적이 집중적으로 분포되어 있는 지역은 동요하-휘발하유역의 문화가 길림합달령을 넘어 이통하 혹은 음마하를 따라 직접 이 지역에 영향을 미쳤을 가능성이 매우 높다고 할 수 있다.

이 지역의 생활유적은 이미 조사가 이루어진 전가타자유적을 비롯하여 주로 농안현 小城子鄉과 黃魚圈鄉 일대의 제이송화강연안에서만 집중적으로 나타나고 있다. 이는 이 지역의 지형적 특징에서 기인하고 있는데, 즉 북쪽은 제이송화강이 흐르고, 동·서·남면은 구릉으로 둘러싸여 있고, 그 가운데는 넓은 충적평원이 형성되어 있는 분지지형으로 정주생활에 아주 적합한 자연지형을 갖추고 있다. 이로 인해 이 지역은 전가타자유적을 비롯하여 많은 유적들이 입지하고 있다.[171]

주거지의 구조와 형식은 한서이기문화의 주거지와 거의 유사하다고 할 수 있다.[172] 다만 전가타자 주거지 내에서는 주공이 발견되지 않은 반면, 한서이기문화 주거지에서는 많은 수의 주공이 발견되고 있다는 점에

---

170) 吉林省文物志編委會,『通化縣文物志』, 32쪽.

171) 지금도 이 분지 일대에서만 논농사가 이루어지고 있으며, 이 지역을 벗어나면 넓은 평원지대가 이어져 있다.

172) 吉林大學歷史系考古專業·吉林省博物館, 1982,「大安漢書遺址發掘的主要收穫」『東北考古與歷史』1. 黑龍江文物考古工作隊, 1980,「黑龍江肇源白金宝遺址第一次發掘報告」『考古』4.

서 차이가 있다.

주거지에서 출토된 토기에서는 한서이기문화와 서단산문화의 특징이 모두 나타나고 있다. 즉 니질홍갈색계통의 토기와 채색된 니질홍갈색계통의 토기의 경우 한서이기문화의 영향이 농후한 반면, 협사홍갈색계통의 무문토기는 서단산문화의 영향이 나타나고 있다. 예를 들어 정의 경우 태토가 협사계통이고, 문양이 무문이며, 구연 아랫부분에 돌기모양의 손잡이가 붙어 있다는 점, 몸체와 다리를 따로 제작하여 접합하는 제작방법 등은 서단산문화의 정과 유사하다고 할 수 있다. 그러나 정의 기형에서는 서단산문화 혹은 한서이기문화에서 출토된 정과는 약간의 차이를 보이고 있다. 호의 경우 비록 구연부 잔편이지만 전가타자유적의 채색된 니질홍갈색 호(T1③:13)는 松原市 北長崗子遺蹟에서 출토된 호 (0:38)와 거의 일치하고 있다.[173] 협사홍갈색 호는 서단산문화의 장사산유적 출토 호(T3③:56),[174] 대해맹유적 출토 호(T4③:8),[175] 포자연전산유적 출토 호(F1②:3)[176] 등과 유사하다.[177]

4. 小結

이상으로 기원전 4세기에서 기원전 2세기 초에 걸쳐 제이송화강 중류지역에 나타나고 있는 초기철기시대 문화유적의 특징에 대해 간략하게 살펴보았다. 위에서 살펴본 내용을 토대로 초기철기시대 제이송화강유역 고고학문화의 변화양상을 정리해 보면 다음과 같다.

---

173) 吉林大學歷史系考古專業, 1979, 「吉林夫余北長崗子遺址試掘簡報」『考古』 2.
174) 吉林省文物工作隊, 1980, 「吉林長蛇山遺址的發掘」『考古』 2.
175) 吉林省文物工作隊 等, 「吉林永吉楊屯遺址第3次發掘」『考古學集刊』, 7集.
176) 吉林市博物館, 1985, 「吉林市泡子沿前山遺址和墓葬」『考古』 6.
177) 이들 壺는 手制素面夾砂陶라는 점과, 볼록한 복부(鼓腹)에 작고 평평한 바닥(小平底), 복부에 대칭으로 가로방향의 손잡이(橫橋狀耳)가 달려 있다는 점에서 일치하고 있다.

기존에 서단산문화의 중심지였던 제이송화강 중류유역은 기원전 4~3세기에 들어 초기철기문화가 주변지역으로부터 유입됨으로 인해 다양한 형태의 고고학 문화가 형성되면서 전환기에 접어 들게 된다. 중원지역의 철기문화는 기원전 5세기경 요동지역과 요서지역에 우선 전파되며, 요서지역의 철기문화는 다시 눈강 하류의 한서이기문화에 전파되고 있다. 요동지역의 경우 비교적 복잡한 전파경로를 보이고 있다. 철기문화가 유입될 기원전 5~4세기경 요녕성 북부지역과 길림성 서남부지역은 凉泉－寶山文化[178]가 발전하고 있었다. 제이송화강유역은 서단산문화의 영향이 강하게 남아 있던 길림시 일대를 제외하고 주변지역부터 초기철기시대 문화가 유입되고 있다.

산맥을 따라 요북지역과 직접 연결되어 있는 길림합달령 일대는 일찍이 대개석묘를 대표로 하는 보산문화가 발달되어 있었고, 이 지역은 요동지역을 통해 늦어도 기원전 4세기경에 철기문화가 유입된 것으로 파악할 수 있다. 보산문화의 중심지인 동요하－휘발하 상류지역은 수혈석광식 대개석묘와 토기의 태토에 굵은 모래를 혼입한 협조사도와 다양한 형태의 두를 표지적 문화지표로 하고 있다. 보산문화는 점차 휘발하 중류유역으로 전파되면서 기원전 3세기경에는 이 지역에도 보산문화 유형의 서황산둔 고분군이 만들어지게 된다. 서황산둔 고분군의 사용집단은 보산문화와는 차별되는 암석을 파내어 묘실과 묘도를 만든 형식의 대개석묘를 사용하고 있으며, 중원의 철기문화요소와 더불어 묘실 바닥에 화수피를 깔아 관곽을 대신하는 북방초원계통의 문화요소도 함께 나타나고 있다.

---

178) 일반적으로 기원전 5세기경 요녕성 북부지역과 길림성 서남부지역은 동일한 문화권으로 구분할 수 있다. 그러나 요녕성에서는 이 유형의 유적을 양천문화라 명명하고 있으며, 길림성에서는 보산문화라 부르고 있어 혼선이 일고 있다. 현재 이 시기에 해당하는 유적에 대한 조사가 미흡한 상황임으로 향후 활발한 조사를 통해 풀어야할 과제이다.

보산문화의 영향은 늦어도 기원전 3세경에 길림합달령을 넘어 대흑산산맥 일대에 까지 미치게 된다. 대흑산산맥 일대는 평원지대와 산악지대가 교차하는 지역으로 이 지역의 유적들은 다른 지역에 비해 다양한 문화요소들이 내포하고 있다. 다만 대개석묘를 대표로 하는 보산문화가 가장 큰 영향을 미치고 있으며, 다른 지역의 문화요소는 일부에서만 나타나고 있다. 대흑산산맥 일대의 유적들은 각각의 위치에 따라 서로 다른 문화내용을 보이고 있다. 즉 대흑산산맥 가장 남쪽에 위치한 후석 고분에는 보산문화의 영향과 더불어 눈강 하류의 한서이기문화 영향이 동시에 나타나고 있다. 이는 이 지역이 요북과 요서, 그리고 송눈평원지역을 모두 연결할 수 있는 지정학적 위치에 있었기 때문에 주변지역의 문화요소가 유입된 결과라 할 수 있다. 그러나 대흑산산맥 중앙에 위치한 석립산, 관마산, 동가유적에서는 한서이기문화의 영향이 극히 일부에서만 나타나고 있으며, 보산문화의 문화요소가 매우 강하게 나타나고 있다. 이는 이 지역이 음마하와 이통하를 통해 길림합달령과 직접 연결되어 있었기 때문으로 판단된다.

한편 제이송화강유역 하류인 덕혜와 농안지역은 넓은 평원지대로 문화내용면에서 길림합달령과 대흑산산맥지역과는 차이를 보이고 있다. 이 지역은 한서이기문화 영향이 강하게 나타나고 있으며, 상대적으로 보산문화의 영향은 일부 토기에서만 나타나고 있다. 한서이기문화의 중심지인 눈강 하류유역은 기원전 5세경 요서지역을 통해 중원의 철기문화를 받아 들였고, 다시 송화강을 따라 동쪽과 남쪽으로 전파되고 있다. 덕혜와 농안지역은 기원전 3세기경 한서이기문화의 문화요소가 유입되고, 역시 음마하와 이통하를 통해 보산문화의 문화요소가 일부 유입되어 새로운 형태의 초기철기문화인 '형가점유형'이 만들어지고 있다.

길림시 일대는 서단산문화의 중심지로 늦게까지 서단산문화의 영향이 남아 있으며, 기원전 4~3세기에 들어 평원지역과 인접한 지역에 위치한 대해맹유적과 학고동산유적에서 토광묘와 옹관묘 등 새로운 형태의 묘제가 나타나며, 주형기 등 한서이기문화의 영향을 받은 토기들이 출현하고 있다. 이 지역에 본격적으로 철기와 더불어 새로운 문화유형이 나타나는 것은 기원전 3세기 말에서 2세기 초이다. 보산문화의 영향을 받아 포자연식 토기[179]가 만들어지고 있으며, 漢式 철기가 보급되고, 한서이기문화의 토광묘제가 도입되는 등 다양한 형태의 문화요소가 유입되어 새로운 '포자연유형' 의 문화가 만들어지게 된다.

기원전 2세기 초에 들어서면서 제이송화강유역은 대개석묘를 대표로 하는 보산문화요소가 점차 소멸되고,[180] 북방초원문화와 중원 漢문화의 영향이 강하게 나타나고 있다. 보산문화의 소멸은 당시 요동지역을 중심으로 발전해 있던 대개석묘를 사용한 세력이 이미 쇠퇴하였음을 반영해 주는 것으로 볼 수 있다. 또한 이 시기에 접어들면서 지역간에 나타나던 문화적 차별성이 점점 사라지고, 문화 내용상에 점차 통일성이 나타나고 있다.[181]

---

179) 포자연식 토기와 같은 유형의 토기들이 휘발하유역에서도 많이 발견되고 있는데, 이 두 지역 간의 문화전파와 관련하여 포자연식 토기가 휘발하유역에 영향을 주었다는 견해(張立明, 1986,「吉林泡子沿前山遺址及其相關問題」『北方文物』2)와 휘발하유역의 토기가 포자연식 토기에 영향을 미쳤다는 견해(洪峰, 1985,「吉林省輝發河上流地區原始文化簡析」『北方文物』3)로 나뉘고 있다. 필자의 경우 포자연식 토기가 출현하는데 있어 보산문화 토기의 영향이 강하게 작용하였으며, 이후 일정한 시간이 지나 포자연식 토기가 발전하는 과정에서는 휘발하유역으로 역 전파된 것으로 파악하고자 한다.

180) 서풍 서차구 고분군과 동료 석역 고분군 등에서 알 수 있듯이, 이 시기에 들어서면 기존의 대개석묘가 사라지고 토광목관(곽)묘가 사용되고 있다.

181) 이 시기에 들어 산악지대의 서차구 고분군과 평원지대의 노하심유적 중층 고분군은 무덤의 구조와 형식, 출토유물의 양상 등에서 유사하게 나타나고 있다.

〈표 7〉 기원전 5~2세기 동북지역 초기철기문화 전파 흐름도

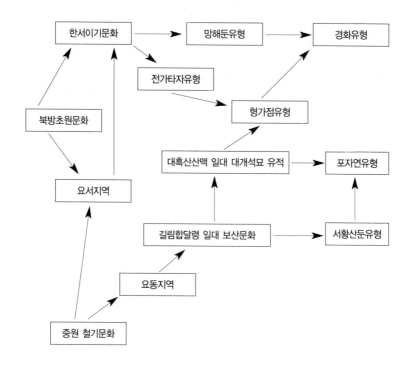

Ⅱ. 大蓋石墓遺蹟과 初期鐵器時代 文化의 成立
-西荒山屯 古墳群을 중심으로-

대개석묘 유적들이 밀집 분포되어 있는 휘발하는 길림성과 요녕성을 경계짓는 분수령 일대에서 발원하는 柳河와 龍崗山脈의 북록에서 발원하는 一統河와 三統河가 휘남 일대에서 합류하여 반석과 화전을 지나 제이송화강에 유입되고 있다. 이들 유적들은 대부분 이들 하천 주변의 지표에서 100~50m 사이의 나지막한 구릉 정상부에 위치해 있다. 무덤은 자연 암반이나 흙을 굴광하여 묘실과 묘도를 만들고, 그 상부에 커다란 개석을 덮는 구조이다.

지금까지 조사된 제이송화강의 지류인 휘발하유역에서 발견된 대개석묘 유적은 모두 5곳으로, 樺甸에서 西荒山屯 古墳群과 寒葱地遺蹟 등 2곳, 磐石에서 梨樹上屯 古墳群・下桃山屯遺蹟・高麗炕山遺蹟 등 3곳이 조사되었다. 이들 무덤들은 대부분 현지주민들이 흙을 파내는 과정에서 발견되었으며, 서황산둔 고분군과 이수상둔 고분에 대해서는 정식 발굴조사가 이루어졌으며, 한총지 고분・하도산둔 고분・고려항산 고분은 간단한 수습조사가 이루어졌다. 이 유적들의 연대는 서황산둔 고분군에서 출토된 중간형 세형동검[182]과 중원계통의 철기 등을 토대로, 대략 기원전 4~3세기대로 보고 있다.[183]

---

182) 이청규, 1993, 「청동기를 통해 본 고조선」 『국사관논총』 42, 국사편찬위원회.
183) 吉林省文物工作隊 等, 1982, 「吉林樺甸西荒山屯青銅短劍墓」 『東北考古與歷史』 창간호.

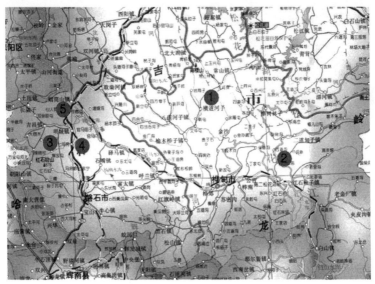

1. 서황산둔 고분군 2. 한총지 고분 3. 이수상둔 고분 4. 하도산둔 고분 5. 고려항산 고분

〈삽도 55〉 휘발하유역 대개석묘 유적 분포도

1. 主要 遺蹟

1) 西荒山屯 古墳群

　서황산둔 고분군은 樺甸縣 橫道河子鄕 中友村 西荒山屯에 위치해 있는데, 무덤은 서황산둔 東山, 後山, 太平屯 東山 등의 산 정상부에 분포되어 있다. 1979년 길림성 문물공작대와 길림시 박물관에 의해 세 지점에 대한 발굴이 이루어져 모두 8기의 무덤과 2기의 수혈유구가 발견되었다.[184] 무덤의 형식은 자연 암반을 그대로 파서 무덤방과 길을 만들고 상부는 커다란 판석을 이용해 덮는 수혈암석식 대개석묘이다. 장식은 다인 · 다

---

184) 吉林省文物工作隊 等, 1982,「吉林樺甸西荒山屯青銅短劍墓」『東北考古與歷史』1.

차 · 화장이 사용되고 있으며, 묘실 바닥에 5~6겹의 자작나무 껍질을 깔아 시상으로 사용하고 있다.

부장품은 모두 480점이 출토되었는데, 종류로는 토기, 청동기, 철기, 석기 등이 있다. 토기는 태토에 굵은 모래가 끼어 있고, 갈색에 무문이 주류이며, 기고가 대부분 10cm 내외인 명기가 대부분을 차지하고 있다. 대표 기종으로는 배 · 관 · 발 · 방추차 등이 있다. 청동기는 검 · 도 · 화살촉 · 팔찌 · 가락지 · 대롱 · 동경 · 동구 등이 있다. 이들 유물 중 청동단검이 가장 특징적인데, 정자형 손잡이가 달린 곡인의 세형동검과 촉각식 손잡이가 달린 세형동검 두 종류가 있다. 철기는 자귀 · 낫 · 도 등이 있다. 석기는 도끼 · 석도 · 천공석구 · 방추차 · 숫돌 · 연마기 · 갈돌받침 등이 있다. 이밖에도 장식용으로 사용되던 각양각색의 석관 · 유리관 ·

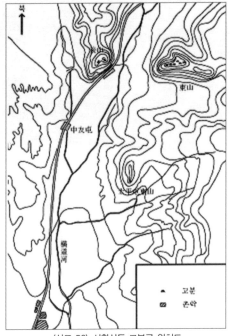

〈삽도 56〉 서황산둔 고분군 위치도

〈삽도 57〉 서황산둔 후산 전경

〈삽도 58〉 서황산둔 동산 전경

〈삽도 59〉 서황산둔 동산 전경 및 표지판

마노관 · 석추 등이 있다.

2) 寒葱地遺蹟

한총지유적은 樺甸市 二道甸子鎭 革新村 寒葱地 南山에 위치해 있다.[185] 무덤의 형식은 원형의 토광을 파고 바닥과 벽면에 돌을 쌓은 후, 덮개돌을 올려놓은 수혈토광식 대개석묘이다. 묘실의 직경은 1.5m이이며, 전 언에 의하면 무덤 내부에서 청동단검 · 침상기 · 청동도 · 천공석구 등의 유물이 출토되었다고 한다.

---

185) 國家文物局 主編, 1993, 『中國文物地圖集-吉林分册』, 60쪽.

〈삽도 60〉 이수상둔 고분군 전경

〈삽도 61〉 이수상둔 고분 조사 후 묘광 잔존모습

3) 梨樹上屯 古墳群

이수상둔 고분군은 磐石縣 明城鎮 梨樹上屯 서쪽 약 400m 지점의 西山 정상부에 위치해 있다. 1989년 6월 현지 농민이 산에서 돌을 캐는 과정에서 발견되었고, 반석현 문물관리소에 의해 수습조사가 이루어졌다.[186] 이 무덤의 형식은 자연 암반을 그대로 파서 무덤방과 길을 만들고 상부는 하나의 커다란 석판을 이용해 덮는 수혈암석식 대개석묘이다. 묘실 내부 바닥에서는 불에 탄 인골과 뼛가루가 약 40cm 정도 쌓여 있으며, 그 사이사이에 홍갈색 혹은 흑갈색의 토기편이 섞여 있다.

부장품은 모두 11점으로 토기, 청동기, 석기 등이 있다. 토기는 모두 5점이 출토되었으며, 모두 무문 협사도에 황갈색과 흑색계통이다. 기종으로는 소형 잔·관·호 등이 있다. 청동기는 도 잔편 1점이 유일하며, 석기로는 숫돌과 패식 등이 있다.

4) 下桃山屯遺蹟

하도산둔유적은 磐石縣 明城鎮 桃山村 下桃山屯 북쪽에 위치해 있다.[187] 무덤의 형식은 흙을 파서 묘광을 만들고, 벽과 바닥을 판석으로 두른 후, 위에 덮개돌을 올려놓은 수혈토광식 대개석묘이다. 1982년에 파괴되었으며, 덮개돌은 길이 2m, 너비 0.4m, 두께 0.2m로 이미 여러 조각으로 부서져 있다. 전언에 의하면 묘실 내부에서 60cm 두께의 인골과 잿더미가 쌓여 있었다고 한다.

---

186) 張永平·于嵐, 1993, 「磐石縣梨樹上屯西山竪穴巖石墓」『博物館研究』2.
187) 國家文物局 主編, 1993, 『中國文物地圖集-吉林分册-』, 73쪽.

〈삽도 62〉 하도산둔유적에서 바라본 도산촌 전경

〈삽도 63〉 하도산둔 고분 묘광 잔존모습

5) 高麗舨山遺蹟

고려항산유적은 磐石縣 烟筒山鎭 서북쪽에 위치해 있다.[188] 무덤의 형식은 자연 암반을 그대로 파서 무덤방과 길을 만들고 상부는 커다란 석판을 이용해 덮는 수혈암석식 대개석묘이다. 묘실의 길이는 2m, 너비 1.5m, 깊이 1.5m 좌우이다. 전언에 의하면 묘실 내에 매우 많은 양의 인골이 쌓여 있었다고 한다. 이밖에도 주변에서 다른 1기의 대개석묘가 발견되었는데, 이미 자리를 옮긴 덮개돌과 묘광 만이 남아 있을 뿐, 자세한 무덤형식을 알 수 없다.

〈삽도 64〉 고려항산유적 전경

188) 國家文物局 主編, 1993, 『中國文物地圖集-吉林分冊-』, 73쪽.

〈삽도 65〉 고려항산 정상에서 바라 본 연통산진 및 길림합달령 전경

〈삽도 66〉 고려항산 정상부의 덮개돌 모습

2. 文化內容상의 特徵

1) 무덤의 구조와 매장양상

(1) 분포와 입지

현재까지 조사된 휘발하 중류의 대개석묘 유적들은 대부분 길림합달령 주변에 분포하는데, 길림합달령은 해발고도가 500~1000m 내외인 산들로 형성된 산맥이다. 이 산맥의 南麓에서 발원한 하천들은 대부분 휘발하로 유입되며, 北麓에서 발원한 하천은 음마하와 이통하를 거쳐 제이송화강에 유입되고 있다. 이들 하천 주변에는 비교적 넓은 충적평야가 형성되어 있는데, 무덤은 대부분 이들 충적평야 주변에 형성된 상대고도가 100m 내외인 구릉의 정상부에 축조되어 있다.

서황산둔 고분군은 휘발하의 지류인 橫道河 주변에 형성된 상대고도 100m 내외의 구릉 정상부에 분포한다. 무덤은 모두 3개 지점에서 발견되었는데, 제1지점은 서황산둔 동산으로 모두 6개의 구릉으로 이루어져 있으며, 각 구릉의 정상부에 1기씩 조성되어 있다. 제2지점은 서황산둔 후산으로 산 정상부의 중간부분에 1기가 축조되어 있다. 제3지점은 제1지점에서 남쪽으로 1.5km 거리의 태평둔 동산에 위치하며, 산 정상부의 중간부분에 1기가 축조되어 있다. 한총지유적은 木箕河의 지류 연안 나지막한 구릉에 축조되어 있다. 이수상둔과 하도산둔 고분은 음마하의 지류인 黃河 연안의 상대고도가 약 100m 내외인 구릉 정상부에, 고려항산 고분 역시 음마하 연안의 나지막한 구릉 정상부에 축조되어 있다.

이상의 내용을 통해 보면, 이 종류의 대개석묘는 길림합달령 일대에서 광범위하게 확인되고 있을 뿐만 아니라, 대흑산산맥 주변과 멀리는 서란 일대에서도 확인되고 있다. 이는 이 종류의 묘제가 어떤 특정집단에 의해서만 사용된 것이 아니라 당시 길림합달령 일대에서 보편적으로 사용되던 묘제였음을 설명해 주고 있다. 대개석묘 유적의 입지를 보면 모두 산 정상부에 1기씩의 무덤만을 축조하고 있어,[189] 당시 이 지역에 고인돌을 축조한 집단은 하나의 산봉우리에 1기의 무덤을 축조하는 것을 원칙으로 하였음을 알 수 있다. 이는 휘발하의 또 다른 지류인 一統河와 三統河 주변에 축조된 고인돌들이 산 능선에 군집을 이루어 분포되어 있는 것과는 약간 차이를 보이고 있다.[190]

고분의 입지는 고분을 축조한 당시 사람들의 생활영역과 활동범위를 알 수 있는 자료가 되지만,[191] 현재 대개석묘 유적들이 위치한 구릉 주변의 사면 혹은 충적평야 지대에서 이 시기에 해당하는 생활유적이 발견된 예가 없어 당시의 생활공간과 무덤과의 관계를 밝히는 데는 어려움이 있다. 대개석묘 유적이 일반적으로 산봉우리에 한 기씩 위치해 있다는 점은 요녕성지역의 지석묘가 시야가 넓게 확보된 구릉의 정상부에 위치해 있어 상징적인 의미를 강하게 내포하고[192] 있다는 점과 일맥상통하고 있다. 더불어 군집을 이루고 있다는 점에서 도 무덤으로서의 기능 또한 내포하고 있다는 것을 알 수 있다. 고분의 방향은 서황산둔 고분군의 경우 대부분 $110° \sim 165°$ 사이의 남향이며, 1기만이 $65°$로 동향을 하고 있다. 고분의 방향 차이는 산의 등고선방향과 일정한 상관관계가 나타나고 있는데, 대부분의 무덤들은 산 능선의 등고선방향과 일치하고 있다.

(2) 구조와 형식

대개석묘의 축조방법은 두 가지로 나눌 수가 있다. 첫 번째는 산 정상부에 위치한 변질사암계통의 암석을 평평하게 다듬은 후, 그 아래를 수

---

189) 西荒山屯 東山地區의 경우 하나의 산에 6기가 밀집되어 있으나, 이 역시 산봉우리 하나에 한 기씩 축조되어 있다.

190) 河文植, 1998, 「中國 吉林地域 고인돌 연구」『韓國上古史學報』 27호, 39쪽.

191) 河文植, 1998, 「中國 吉林地域 고인돌 연구」『韓國上古史學報』 27호, 40쪽.

192) 河文植, 1999, 『고조선 지역의 고인돌 연구』 백산자료원, 171쪽.

직으로 파고 들어가 장방형의 묘실과 묘도를 만든 형식으로 묘실과 묘도
의 상부는 화강암 판석을 1~3매 사용하여 덮고 있다. 일반적으로 이 형
식의 무덤을 竪穴巖石式 대개석묘라 부르고 있다. 두 번째는 먼저 구릉
정상부를 굴광하여 묘광을 만들고, 바닥과 사면에 판석을 세우거나 괴석
을 쌓은 후, 상부에 커다란 덮개돌을 올려놓은 형태로 竪穴石壙式 대개석
묘라 부를 수 있다. 이 두 가지 형식의 무덤 중 휘발하유역의 경우 수혈
암석식 대개석묘가 전체 발견된 11기의 무덤 중 9기로 대다수를 차지하
고 있다. 이는 당시 이 지역에 수혈암석 개석식 고인돌이 성행하고 있었
음을 설명해 주고 있다.

　서황산둔 고분군 발굴보고서에는 묘실 내에 퇴적된 대량의 흙과 돌 더

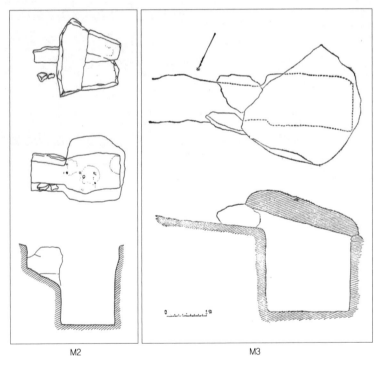

M2　　　　　　　　　　　　M3

〈삽도 67〉 서황산둔 고분군 M2 · M3 평 · 단면도

미를 근거로 하여 덮개돌 위에 흙과 돌을 섞어 만든 봉토가 있었을 것으로 추정하고 있다.[193] 봉분이 발견되고 있는 대개석묘는 모두 철기가 부장되어 있다는 특징이 나타나고 있는데,[194] 서황산둔에도 철기가 부장되어 있는 점을 감안하면, 봉분이 만들어졌을 가능성이 있다. 다만 묘실 내의 퇴적된 돌과 흙은 자연적인 퇴적현상으로 인해 형성되었을 가능성도 배제할 수 없다.

대개석묘의 규모를 살펴보면, 먼저 덮개돌의 경우 하나의 덮개돌은 길이가 1.40~3.00m, 너비 1.00~2.40m, 두께 0.10~0.60m로 다양하게 나타나고 있다. 서황산둔 무덤군의 예로 보면, M3에만 1장의 판석이 이용되었고, 기타 무덤에는 2장 혹은 3장의 판석이 사용되고 있다. 묘실의 규모와 덮개돌의 수량 사이에 일정한 규칙성은 나타나지 않는 점으로 미루어 보아, 묘실을 축조한 이후 주변에서 큰 판석을 구할 수 있으면 그대로 사용하였고, 큰 판석을 구하지 못할 경우에는 여러 장의 판석을 이용해 묘실 상부를 덮었던 것으로 추정할 수 있다. 묘실의 일반적인 규모는 길이가 1.86~3.20m, 너비 0.90~1.80m, 깊이는 1.25~3.40m이다. 묘도의 경우 규모는 길이 1.10~1.80m, 너비 0.60~1.20, 깊이 0.30~1.00m이다. 일반적으로 묘실의 규모가 크면 묘도도 크고, 묘실의 규모가 작으면 묘도 역시 작아지고 있다.

묘실의 규모는 피장자의 사회적 신분과도 일정한 관계가 있는 것으로 파악할 수 있는데, 예를 들면 서황산둔 M1의 경우 서황산둔 고분군 중에서 규모가 가장 크고, 부장품의 수량 역시 가장 많고, 질적으로도 월등하다. 반면 M5의 경우 규모가 가장 작고, 부장된 유물은 석기와 토기 각각 2점에 불과하다. 이는 당시 이 고인돌에 묻힌 피장자의 신분 혹은 경제

---

193) 吉林省文物工作隊 等, 1982,「吉林樺甸西荒山屯靑銅短劍墓」『東北考古與歷史』 창간호, 142쪽.
194) 河文植, 1998,「中國 吉林地域 고인돌 연구」『韓國上古史學報』 27호.

적인 면에서 차이가 있었음을 알 수 있다.

이밖에도 서황산둔 고분군의 M8 부근에서 인골이 안치된 2기의 수혈유구(墓坑)가 발견되었는데, 수혈유구의 평면은 불규칙한 장방형 혹은 刀形으로 내부에 소성토와 불에 탄 잿더미가 퇴적되어 있고, H1의 경우 바닥에는 몇 조각의 인골이 널려 있다. 유물은 퇴적층 중간에서 발견되고 있는데, 석겸 1점(H1)과 관 1점(H2)이 전부이다. 이러한 수혈유구에 자작나무 껍질을 屍床으로 사용하고, 장식이 동일하다는 점을 들어, 대개 석묘를 축조할 수 없었던 사회·경제적으로 신분이 낮은 계층에서 사용한 무덤으로 추정하고 있다.[195] 그러나 수혈유구에서 출토된 토기의 형식이 대개석묘에서 출토된 것과는 차이가 있고, 묘제 역시 완전히 다르다는 점에서 시기적인 차이이거나, 혹은 사용집단의 차이일 가능성도 배제할 수 없다.

〈삽도 68〉 서황산둔 고분군 동산 M1 묘광 및 덮개돌

195) 吉林省文物工作隊 等, 1982,「吉林樺甸西荒山屯靑銅短劍墓」『東北考古與歷史』창간호, 149쪽.

〈삽도 69〉 서황산둔 고분군 후산 무덤 묘광 및 덮개돌

〈표 8〉 휘발하유역 대개석묘의 규모

| 유적명 | 방향 | 덮개돌 | | | 墓道 | | 墓室 | | 비 고 |
		재료	수량	크기	형태	크기	형태	크기	
서황산둔 M1	150°	화강암	3	2.20×1.80-0.60	장방형	1.50×1.20-1.00	장방형	3.20×1.80-3.40	묘도 양벽을 판석으로 쌓음
M2	150°	〃	3	2.20×1.00-0.30	〃	1.10×0.60-1.00	〃	1.90×1.00-2.20	
M3	65°	〃	1	3.00×2.40-0.60	〃	2.80×1.00-0.80	〃	2.20×1.20-2.90	
M4	110°	〃	파괴	1.40×1.50-0.18	〃	1.80×0.60-0.50	〃	2.00×0.90-1.30	M1과 동일
M5	145°	〃	파괴	파괴	〃	0.75×0.50-?	〃	1.65×0.69-?	
M6	142°	〃	파괴	파괴 (두께0.30)	〃	1.64×0.68-0.30	〃	2.00×1.04-1.25	묘도 양벽을 괴석으로 쌓음
M7	165°	〃	잔존 1편	1.75×1.20-0.27	〃	1.50×0.80-0.40	〃	1.86×1.04-1.60	
이수상둔			1	2.80×2.00-0.40			장방형	2.50×1.70-2.50	묘도 없음

(3) 장식 및 장법

대개석묘의 장식은 다인, 다차, 화장으로 정리할 수 있다. 발굴이 이루어진 무덤에는 일반적으로 인골이 비교적 두껍게 퇴적되어 있는데, 특히 묘실의 중간부분에 가장 집중되어 있고, 일반적인 퇴적층 두께는 10~20cm 내외이다. 퇴적된 인골은 일정한 규칙을 가지고 배치되어 두

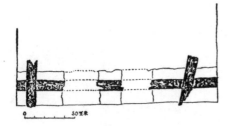

<앞도 70> 무덤 바닥 화수피 구조도

개골·턱뼈·이빨 등은 모두 묘실의 안쪽에, 팔뼈·척추뼈·골반뼈 등은 묘실의 중간에, 다리뼈는 대부분 묘실 입구 쪽에 분포되어 있다. 매장 인수는 서황산둔 M2에서 모두 5구의 두개골이 발견되고 있어 5인 정도가 매장되었음을 알 수 있으며, 기타 무덤의 경우 인골의 정확한 수량이 파악되지 않고 있으나, 대략 5인에서 10인 정도였을 것으로 추정할 수 있다.

화장은 묘실 내에서 이루어지고 있는데, 묘실 중앙에 소성흔이 가장 뚜렷하게 남아 있다. 덮개돌 역시 중앙 부분이 가장 심하게 그을려 있으며, 인골 역시 완전 연소가 이루어져 회백색을 띠고 있는 점으로 미루어 보아 묘실 중앙에 소성물질이 집중적으로 배치되어 있었음을 알 수 있다.

불에 탄 인골을 통해 볼 때, 화장방법은 간골화장이 이용되었을 가능성이 매우 높다. 즉 시신을 일차로 부패시킨 후, 인골을 모아 묘실에 규칙적으로 쌓은 다음 화장을 실시한 경우이다. 대개석묘 무덤에 관곽 등이 사용된 예는 지금까지 발견되지 않고 있다. 다만 묘실 바닥과 벽면에서 자작나무 껍질(樺樹皮) 잔편이 발견되고 있는데, 예를 들면 서황산둔 M6의 경우 묘실 바닥에 5~6층의 자작나무 껍질이 34cm 높이로 깔려 있고, 3개의 받침목으로 고정되어 있다. 이렇게 무덤 바닥에 자작나무 껍질을 까는 형식은 북방초원지대에서 많이 사용되고 있는 매장방법으로 무덤이 조성된 시기에 이 지역까지 전파된 것으로 볼 수 있다. 이밖에도 이 종류 무덤에 사용되고 있는 장례풍속으로는 서황산둔M1~M4 및 M6의 묘도 입구 바닥 및 묘도 내에 배 잔편이 발견되고 있어, 매납 시 혹은 매납 후에 묘도 앞에 배를 깨는 풍습이 있었던 것으로 추정된다.[196]

<표 9> 휘발하유역 대개석묘 유적 묘제 비교

종류 유적명	수량	형식	葬法	葬具	장례풍속	비고
서황산둔	8	竪穴巖石式	多人, 多次, 火葬	樺樹皮	매납시 杯를 깨는 풍속	
이수상둔	1	〃	多人, 多次, 火葬			묘도없음
고려항산	1	〃	多人			
하도산둔	1	水穴石壙式	多人, 多次, 火葬			
한총지	1	〃				

2) 출토유물의 특징

지금까지 조사된 길림합달령지역 대개석묘 무덤에서 출토된 부장품은 모두 490여 점에 이르고 있다.[196] 출토유물의 종류로는 재질면으로 볼 때 토기, 청동기, 철기, 석기 등으로 나눌 수 있으면, 기능면으로는 생활용구, 생산공구, 무기류, 장신구 등으로 나눌 수 있다.

출토된 유물의 수량을 비교해 보면, 석제장식품이 82%로 가장 많은 비중을 차지하고 있으며, 다음이 청동기 7%, 토기 4.5%, 석기공구 4%, 철기 2.5% 등으로 나타나고 있다. 다만 석제장식품의 경우 대롱 장신구가 대부분을 차지하고 있는데, 이는 목걸이에 주로 사용되는 것으로 하나의 목걸이에 몇 개의 관식이 사용되었는지에 대해서는 정확히 파악할 수 없다. 장식품을 제외한 기타 유물의 경우 청동기가 가장 많은 비중을 차지하고 있으며, 철기의 수량이 가장 낮다. 이밖에도 대개석묘 무덤에서 아직까지 마구가 발견되지 않고 있는데, 당시 이 지역에서 말의 이용도가 그다지 높지 않다는 것을 설명해 주고 있다.

---

196) 吉林省文物工作隊 等, 1982, 「吉林樺甸西荒山屯靑銅短劍墓」 『東北考古與歷史』 창간호, 143쪽.
197) 서황산둔 고분군에서 480여 점, 이수상둔 고분에서 11점이 출토되었다.

종류	무덤	M1	M2	M3	M4	M5	M6	M7	합계	이수상둔	총합계
		서황산둔									
청동기	세형동검	4	2				4		10		10
	촉각식동검	2		1					3		3
	화살촉	1							1		1
	도(刀)	3			1				4	1(잔편)	5
	불탄 덩어리	1							1		1
	팔찌			3					3		3
	반지			2					2		2
	동경		2	1					3		3
	용수철			1					1		1
	관식(冠飾)			3					3		3
	十자형동기		1						1		1
	단추	2							2		2
	소계	13	5	11	1		4		34	1	35
철기	낫(鎌)			1	1		1		3		3
	도(刀)	1		1			1	1	4		4
	자귀(奔)		1	1			3		5		5
	소계	1	1	3	1		5	1	12		12
석기	도끼(斧)			1	1	1			3		3
	도(刀)				1				1		1
	침상기(枕狀器)				1				1	1	2
	구(球)	2	1	4		1			8		8
	지석(砥石)				3				3	3	6
	연마기(研磨器)	1			1				2		2
	방추차(紡輪)	1							1		1
	소계	4	1	5	7	2			19	4	23
토기	완(碗)				1				1		1
	단지(罐)			2					2	1	3
	잔(杯)	4	3	3	5		2		17	1	18
	호(壺)									1	1
	방추차(紡輪)		1		1				2	1	3
	침상기(枕狀器)									1	1
	소계	4	4	5	7		2		22	5	27
裝飾品	람석관(藍石管)			20			5		25		25
	청석관(青石管)	17		32		2	5		56		56
	백석관(白石管)	40	12	140	6	1	68		267		267
	마노관(瑪瑙管)	2		7			7		16		16
	녹송석추	1		5	1				7		7
	흑석추(黑石墜)						2		2		2
	돌 장식품				4				4	2	6
	유리관(琉璃管)			12					12		12
	자갈돌				4				4		4
	소계	60	12	216	15	3	87		393	2	395
	합계	82	23	240	31	5	98	1	480	12	492

〈표 11〉 서황산둔 고분군 출토유물 통계표

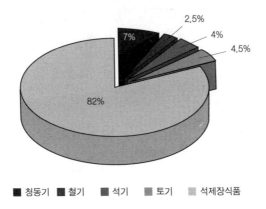

- ■ 청동기 ■ 철기 ■ 석기 ■ 토기 ■ 석제장식품

(1) 토기

위에서 조사된 대개석묘에서는 모두 25점의 토기가 출토되었는데, 서
황산둔 고분군에서 20점, 이수상둔 고분에서 5점 등이다. 토기의 수량은
무덤에 따라 다르게 나타나고 있는데, 많은 것은 7점에서부터 토기가 전
혀 매납되지 않은 무덤까지 다양하다. 서황산둔 고분군의 경우 토기의
부장 수량과 무덤의 규모 혹은 등급과의 관련성은 나타나지 않고 있다.
토기의 특징은 태토가 모두 굵은 모래가 섞인 협조사계통으로 황갈색,
흑색, 갈색 등이 주를 이루고 있다. 또한 모두 수제의 무문계통이며, 기
고가 대부분 10cm 내외인 소형 명기로 볼 수 있다. 기종은 비교적 단순
한 편으로 배 · 관 · 발 · 호 · 방추차 등이 있다.[198]

각각의 토기들은 구연부와 동체부의 변화에 따라 약간의 형식적 차이
를 보이고 있으며, 저부는 모두 평저로 이루어져 있다. 가장 특징적인 것

198) 일부 잔의 경우 그 형태상으로 볼 때, 深鉢形토기일 가능성도 농후하다. 실용기가 아닌 명기로 간단
하고 작게 제작하다 보니 형식면에서 실용기와는 일정정도 차이를 보일 수 있는데, 발굴 보고자가
이를 파악하지 못하고, 이런 형태의 토기를 모두 잔으로 보았을 가능성도 배제할 수 없다.

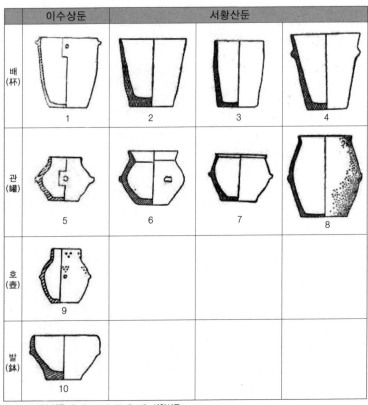

	이수상둔	서황산둔		
배 (杯)	1	2	3	4
관 (罐)	5	6	7	8
호 (壺)	9			
발 (鉢)	10			

1·5·9. 이수상둔 2·3·4·6·7·8·10. 서황산둔

〈삽도 71〉 휘발하유역 대개석묘 유적 출토 토기

은 구연부 바로 밑 혹은 동체부에 2개 혹은 4개의 돌기형 손잡이가 대칭
으로 달려 있다는 점을 들 수 있다. 출토된 토기 중 특징적인 기형들을
살펴보면, 서황산둔 고분군 2호 수혈유구에서 출토된 관은 그 크기가 다
른 토기들에 비해 크고,[199] 형태 역시 기존에 조사된 대개석묘에서 출토
된 것과는 차이를 보이고 있어 실용기를 매납한 것으로 추정된다. 호의

---

199) 이 단지의 높이는 16.6cm로 개석식 고인돌에서 출토된 단지의 높이가 7cm 정도인 것에 비하면 2배
　　정도 크다.

경우 이수상둔 고분에서 출토된 1점이 유일한데, 흑색마연 장경호이다. 이 토기의 경부와 동체부에 3개 혹은 6개의 점으로 역삼각형 형태의 문양이 새겨져 있다는 점이 특징적이라 할 수 있다. 발 역시 서황산둔 M4에서 출토된 1점이 유일한데, 그 형태가 대해맹 중층 유적에서 발견된 발[200]과 유사하여 燕의 영향을 받아 만들어진 것으로 추정할 수 있다.

(2) 청동기

지금까지 발견된 청동기는 서황산둔에서 32점, 이수상둔에서 1점 등 모두 33점이며, 그 종류로는 세형동검·촉각식동검·도·화살촉·팔찌·반지·관·동경 등이 있다. 청동기는 대부분 규모가 비교적 크고 유물의 종류와 수량이 풍부한 무덤들에서만 출토되고 있는 특징을 보이고 있다.[201]

세형동검은 일반적으로 검신·병부·검파두 등으로 구성되는데, 검신은 서황산둔M1에서 1점, M6에서 3점 등 모두 4점이 출토되었다. 모두 쌍범합주(雙范合鑄)로 제작되어 있다. 병부는 서황산둔M1에서 3점, M2에서 2점, M6에서 1점 등 모두 6점이 출토되었다. 모두 범주로 제작되었으며, 형태는 모두 'T자형'이다. 검파두는 서황산둔M4에서 1점, 이수상둔에서 2점 등 모두 3점이 출토되었으며, 이 중 두 점은 철광석을 갈아서 제작하고 있으며, 한 점은 진흙을 구워서 만들었다.

---

200) 李鍾洙, 2004, 『夫餘文化硏究』, 길림대학 박사학위 논문, 77쪽.

201) 서황산둔 고분군의 경우 무덤의 입지, 규모, 부장품 등을 고려해 볼 때, 대략 M1-M3-M6- M2-M4-M7-M5 순으로 등급을 매길 수 있는데, 이 중 청동기가 가장 많이 부장된 무덤은 M1과 M3로 10점 이상이고, 다음으로 M6과 M2는 5점 내외, M4가 1점, 기타 무덤에는 청동기가 부장되어 있지 않다.

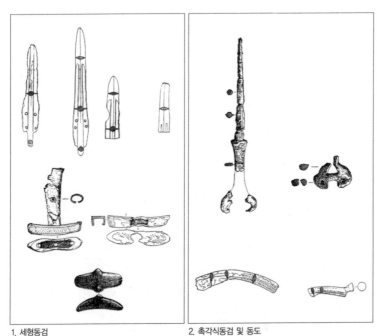

1. 세형동검   2. 촉각식동검 및 동도

〈삽도 72〉 서황산둔 고분군 출토 동검 및 동도

이 들 세형동검은 그 형태와 특징을 통해 볼 때, 비파형동검과 한국식 세형동검의 중간단계에 해당하는 것으로 보이며, 이런 종류의 세형동검에 대해서는 '중간형 동검'[202] · '중세형동검'[203] · '초기세형동검'[204]이란 용어들이 사용되고 있다. 촉각식동검은 서황산둔 고분군에서 3점이 출토되었는데, 검신과 손잡이가 합주로 만들어져 있다. 동검은 대부분 부식되어 검신의 경우 등날만이 일부 남아 있다. 이 촉각식동검은 비파형동검을 주체요소로 하여 여기에 북방초원계통의 문화요소인 촉각형태의

---

202) 정찬영, 1962, 「좁은 놋 단검(세형동검)의 형태와 그 변천」 『문화유산』 3기.
    이청규, 1993, 「청동기를 통해 본 고조선」 『국사관논총』 42.
203) 오강원, 2001, 「요녕-서북한지역 중세형동검에 관한 연구」 『淸溪史學』 16 · 17.
204) 박진욱, 1987, 「비파형단검의 발원지와 창조자에 대하여」 『비파형동검문화에 관한 연구』, 과학백과 사전 출판사.

검병을 결합하여 제작한 것으로 파악하고 있다.[205] 도는 서황산둔에서 3
점, 이수상둔에서 1점 등 모두 4점이 출토되었으나, 손잡이 잔편 혹은 도
신 일부만이 남아 있다.

동경은 서황산둔에서 4점이 출토되었다. 그 형식은 모두 배면에 일자형
의 꼭지(鈕) 두 개가 달려 있고, 그 주변에 삼각문이 사선으로 교차되어 장
식되어 있어 다뉴조세문경에 포함시킬 수 있다.[206] 이밖에도 소량의 화살촉
·팔찌·반지·용수철형태의 청동기·대롱·동구·십자형의 장신구 등
이 출토되었다. 이 중 용수철형태의 청동기는 가느다란 줄을 5겹으로 말아
서 만들고 있는데, 용도는 귀걸이로 사용되었을 가능성이 매우 높다.

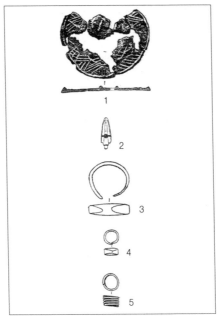

1. 동경 2. 화살촉 3. 팔찌 4. 반지 5. 용수철형 청동기
〈삽도 73〉 서황산둔 고분군 출토 청동기

205) 오강원, 2001, 「요녕~서북한지역 중세형동검에 관한 연구」 『淸溪史學』 16 · 17, 59쪽.
206) 이청규, 1999, 「동북아지역의 다뉴경과 그 부장묘에 대하여」 『한국고고학보』 40.

서황산둔 고분군에서 출토된 청동기 중 화학분석 결과 세형동검의 검신에는 동 성분이 가장 많이 함유되어 있고, 기타 여러 가지 성분이 모두 혼합되어 있는 특징을 보이고 있다. 이렇게 여러 가지 화학성분이 들어간 것은 쉽게 부러지지 않게 하기 위한 것으로 보여진다. 다만 세형동검의 검신과 촉각식동검, 동경의 경우 납 성분의 비중이 매우 높은 것으로 나타나고 있다. 이는 주물에 문양을 새기고 마광을 내기 쉽게 하기 위한 것으로 볼 수 있다. 이밖에도 서황산둔 고분군에서 서북쪽으로 1.5km 떨어진 지점에 동광이 위치해 있어, 아마도 당시에 이곳에서 제련업이 이루어진 것으로 추정하고 있다.[207]

〈표 12〉 서황산둔 고분군 출토 청동기 동기원소 분석 그래프

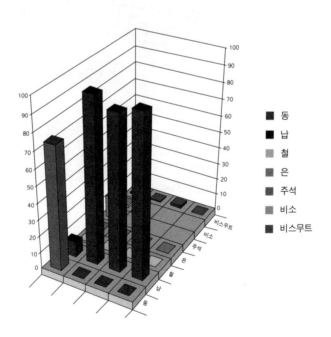

207) 吉林省文物工作隊 等, 1982, 「吉林樺甸西荒山屯靑銅短劍墓」 『東北考古與歷史』 창간호, 150쪽.

3) 철기

철기는 서황산둔 고분군에서만 출토되었는데, 모두 12점으로 종류로는 자귀 · 낫 · 도 등 공구류에 한정되어 있다. 철기의 수량이 많고 다양하게 부장된 무덤은 M6과 M3이며, 기타 무덤에서는 1점씩 출토되었다. 철기의 형식은 河北 燕下都, 熱河 興隆, 撫順 蓮花堡 등지에서 발견된 전국시대의 철기와 거의 일치하고 있어,[208] 당시 중원지역의 철기제작 기술이 이 지역까지 전파되었음을 설명해 주고 있다.

4) 석기

석기는 대개석묘에서 출토된 유물 중 가장 많은 수를 차지하고 있다. 석기의 재료로는 각섬석(角閃石) · 판석(板石) · 흑운모각암(黑雲母角巖) · 천매암질 사암(千枚粉質砂巖) 등이 사용되고 있다. 석기는 기능에 따라 공구류와 장신구류로 나눌 수 있는데, 공구류로는 도끼 · 도 · 천공석구(穿孔石球) · 방추차 · 숫돌 · 갈판 · 연마기 등이 있으며,[209] 장신구류로는 모두 각종 재질로 이루어진 대롱과 석추(石墜)가 주를 이루고 있으며, 이밖에도 세형동검의 검병에 가중기로 사용되던 침상기 등이 있다.[210]

---

208) 吉林省文物工作隊 等, 1982,「吉林樺甸西荒山屯青銅短劍墓」『東北考古與歷史』창간호, 150쪽.
209) 생산공구는 서황산둔 고분군에서 18점, 이수상둔에서 3점 등 모두 21점이 출토되었다.
210) 장식품은 서황산둔에서 393점, 이수상둔에서 2점 등 모두 395점이 출토되었고, 침상기는 서황산둔과 이수상둔에서 각각 1점씩 출토되었다.

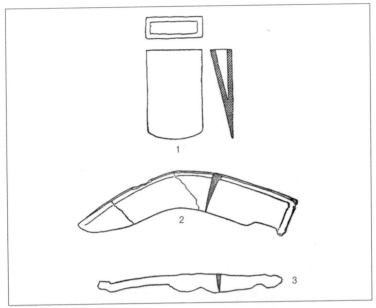

1. 철부 2. 철겸 3. 철도

〈삽도 74〉 서황산둔 고분군 출토 철기

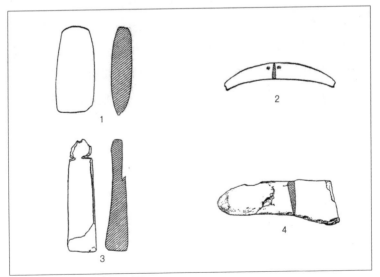

1. 석부 2. 반월형석도 3. 숫돌 4. 석겸

〈삽도 75〉 서황산둔 고분군 출토 석기

3. 文化起源과 傳播樣相 檢討

길림합달령 주변의 대표적인 초기철기시대 문화로는 寶山文化를 들수 있다. 보산문화란 명칭은 아직 학계에서 많이 사용되지 않고 있는데, 이 명칭은 1987년 東豊縣 남부 일대 유적에 대한 발굴이 이루어지고 난이후 金旭東에 의해 처음 명명되었다.[211] 문화 명칭이 생소한 만큼 이 문화에 대한 연구 역시 초보적인 수준에 머무르고 있으나, 대략적으로나마그 특징을 정리해 보면 다음과 같다.

보산문화는 대개석묘를 특징으로 하고 있다. 이 대개석묘는 길림성동풍현 경내를 중심으로 요녕성 북부와 길림성 중남부지역에 걸쳐 광범위하게 분포되어 있다. 대개석묘가 가장 밀집되어 있는 동풍현은 길림합달령이 지나가고, 동요하와 휘발하가 발원하는 지역으로, 무덤은 주로두 강과 그 지류 주변의 구릉에 집중 분포되어 있다.

전체적인 분포범위를 살펴보면, 동쪽의 경우 제이송화강 건너 이동지역에서까지 발견되고 있다. 동북쪽은 舒蘭의 황어권주산M1을 비롯하여 松樹頂子遺蹟·春田遺蹟 등을 들 수 있으며,[212] 동남쪽으로는 樺甸의 한총지유적을 들 수 있다. 반면 蛟河市 일대에서는 아직까지 대개석묘 유적이조사되지 않고 있어, 현재로서는 대개석묘 유적의 동쪽 경계를 행정구역상 길림시와 교하시를 경계 짓는 老爺嶺 일대까지로 추정할 수 있다. 서쪽은 고고학적 조사가 이루어지지 않아 자세히 알 수 없으나, 대략 요녕성 西豊과 昌圖縣 일대까지로 볼 수 있다. 북쪽은 대흑산산맥을 경계로하여 그 일대에서만 발견되고 있으며, 북서쪽의 공주령시 후석 고분을시작으로 구태시의 석립산, 관마산으로 이어지고 있어[213] 북쪽은 대흑산

---

211) 金旭東, 1991, 『1987年吉林東豊南部盖石墓調査與淸理』『遼海文物學刊』 2, 18쪽.
212) 國家文物局 主編, 1993, 앞의 글, 76쪽.
213) 이종수, 2001, 앞의 글, 73~74쪽.

산맥 일원까지로 추정된다. 남쪽은 휘발하의 지류인 柳河와 一統河, 三統河 일대에서 대개석묘 유적이 발견되고 있는 점으로 미루어 볼 때,[214] 용강산맥을 넘지 않는 것으로 볼 수 있다.

보산문화의 문화내용상 특징을 간략하게 정리해 보면, 먼저 무덤의 입지는 대부분 구릉의 정상부 혹은 그 주변의 평탄한 곳에 위치해 있으며, 일부는 산 능선을 따라 규칙적으로 분포되어, 적은 곳은 3기에서 많은 곳은 15기 정도가 밀집되어 있다. 이러한 무덤의 밀집 정도는 고분군 사용집단의 인구수와 정착 기간의 길고 짧음에 기인하고 있는 것으로 파악할 수 있다.

무덤의 형식 구조상에 나타나고 있는 특징을 살펴보면, 묘실의 평면 형태는 장방형이며, 규모가 큰 편이다. 무덤의 형식은 두 종류로 나눌 수 있다. 첫 번째는 땅을 파서 묘실을 만든 후, 그 위에 커다란 덮개돌을 덮는 수혈토광식으로 수량이 비교적 많은 편이다. 두 번째는 묘광 벽면을 판석 혹은 괴석으로 쌓아 석실 만든 후, 덮개돌을 덮는 수혈석광식으로 수량은 많지 않은 편이다. 장식은 다인 · 다차 · 화장이 사용되고 있으며, 인골은 일정한 규칙성을 가지고 쌓여 있는데 두개골은 묘실의 안쪽에, 갈비뼈와 척추 등은 묘실 중간에 쌓여 있다. 화장은 묘실 내에서 이루어지고 있으며, 불에 잘 탈 수 있도록 원목이나 진흙으로 테두리를 돌리고 있다.

---

214) 하문식, 1998, 앞의 글, 61쪽.

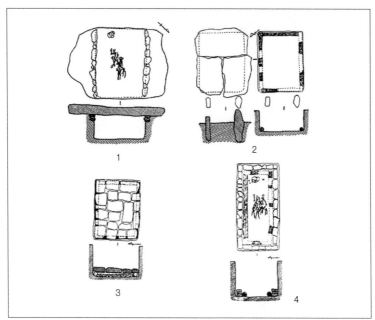

1. 조추구M1 2. 조추구M2 3. 대양M1 4. 타요M1

〈삽도 76〉 보산문화 대개석묘 평·단면도

출토유물은 토기가 주를 이루고 있으며, 대부분 소형으로 명기에 속하는 것들이다. 대표적인 기종으로는 관·호·두 등이 있으며, 소량의 배와 발 등도 출토되고 있다. 청동기는 장신구류가 주를 이루며, 돌로 제작된 침상기가 발견되고 있는 것으로 보아 청동단검이 함께 매납 되었을 것으로 추정할 수 있다. 석기는 화살촉·도끼·갈돌·배·방추차 등이 발견되고 있으나, 수량은 많지 않은 편이다.

보산문화에 보이는 대개석묘는 혈연관계에 있는 소규모 집단이 공동으로 사용한 가족공동묘로 볼 수 있다. 또한 대개석묘 주변에서 생활유적이 많이 발견되고 있는데, 이들 유적에서 출토된 유물이 대개석묘에서 출토된 것과 거의 일치하고 있어, 대개석묘는 이 유적에서 생활하던 집단에 의해 만들어진 것으로 추정할 수 있다.

관	1	2	3	4	5
호	6				
두	7	8			
발	9				
배	10	11			

1·2·3·4·7·11. 조추구 유적 5. 타요 6·8. 보산동산 9. 三里 10. 용두산

〈삽도 77〉 보산문화 대개석묘 출토 토기

이 문화의 연대는 대략 기원전 5세기부터 기원전 2세기까지로 보는 견해와[215] 기원전 9세기에서 기원전 2세기까지로 보는 견해 두 가지가 있다.[216] 기원전 5~3세기로 보는 견해는 유적에 나타나고 있는 문화내용상의 차이에 따라 다시 두 시기로 나누고 있다. 첫 번째 시기는 趙秋溝M1·M2를 대표로 하는 유적군으로 그 연대는 대략 기원전 5~3세기까지로 볼 수 있다. 두 번째 시기는 보산 동산M1을 대표로 하는 유적군으로 그 연대는 대략 기원전 3~2세기로 보고 있다. 기원전 10~2세기까지로 보

---

215) 金旭東, 1991, 앞의 글, 22쪽.
216) 洪峰, 1985,「吉林省輝發河上流地區原始文化簡析」『北方文物』3.

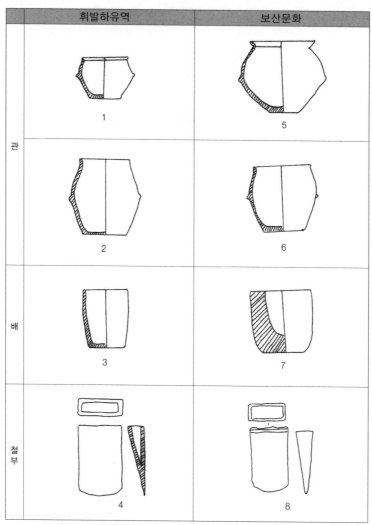

휘발하유역	보산문화
관 1	5
관 2	6
배 3	7
철부 4	8

1·2·3·4. 서황산둔 5·6·7. 조추구 8. 동풍세국 후산(東豊稅局 後山)유적

〈삽도 78〉 휘발하유역 대개석묘 유적과 보산문화 출토 유물 비교

는 견해 역시 두 시기로 나누고 있다. 첫 번째 시기는 大陽 西山頭遺蹟과
寶山 龍頭山遺蹟을 대표로 하는 유적군으로 그 연대는 대략 기원전 10세
기에서 기원전 5세기까지로 보고 있다. 두 번째 시기는 大架山遺蹟·樺樹

遺蹟 · 永安遺蹟을 대표로 하는 유적군으로 그 연대는 대략 기원전 4세기에서 기원전 2세기까지로 보고 있다.

서황산둔 고분군의 문화내용을 보산문화와 비교해 보면 많은 면에서 일치하는 것을 알 수 있다. 예를 들면, 무덤의 형식이 모두 대개석묘라는 점, 장식으로 다인 · 다차 · 화장이 사용되고 있는 점, 부장된 토기가 대부분 명기에 속한다는 점, 토기의 태도 · 색 · 제작기법 · 문양이 대부분 동일하다는 점 등이다. 토기의 기형에서도 유사한 것이 많이 발견되고 있는데, 예를 들면 서황산둔 관(M3:25 · 26)의 경우 조추구 고분군의 관(87BJM2:3)[217] 혹은 大陽유적의 관[218]과 유사하며, 서황산둔 관(H2:1)은 조추구 고분군의 관(87BJM3:1) 혹은 大陽遺蹟과 十大望遺蹟에서 출토된 관과도 유사하다.[219] 이밖에도 서황산둔 고분군에서 출토된 중원식의 철제 농기구 역시 휘발하 상류 일대에서 발견되고 있다.[220]

그러나 일부 차이점이 나타나기도 하는데, 무덤의 제작기법이 서황산둔식 무덤의 경우 수혈암석식이 주를 이루고 있는 반면, 보산문화의 경우 수혈토광식 혹은 수혈석광식이 유행하고 있다. 또한 서황산둔 고분군은 화수피를 몇 겹으로 쌓아 시상으로 사용하고 있는 반면, 보산문화에서는 석판을 깔거나 혹은 묘실 바닥 가장자리에 원목으로 돌리고 있다.

이상의 내용을 종합해 보면, 휘발하 중류지역은 기원전 6~5세기까지 서단산문화권에 속해 있었으나,[221] 기원전 4~3세기에 들어서면서 동요하–휘발하 상류지역을 중심으로 하는 보산문화가 이 지역에 전파되어 문화내용상에 변화가 나타난 것으로 파악할 수 있다. 서황산둔 고분군을

217) 金旭東, 1991,「1987年吉林東豊南部盖石墓調查與淸理」『遼海文物學刊』2, 14쪽(圖4-8).
218)『東豐縣文物志』22쪽.
219) 金旭東, 1991,「1987年吉林東豊南部盖石墓調查與淸理」『遼海文物學刊』2.
220) 耿鐵華 · 王志敏 · 李魁星, 1989,「柳河縣—統河流域的原始文化遺蹟」『博物館硏究』1.
221) 董學增, 1983,「試論吉林地區西團山文化」『考古學報』4.

대표로 하는 휘발하 중류지역의 대개석묘 유적은 보산문화와 문화내용 상에서 대부분 일치하고 있다는 점에서 보산문화의 큰 범주 안에 속하는 것으로 볼 수 있다. 다만 이 지역이 보산문화권 주변에 속하고 있어, 유적의 문화내용에 지역적인 특징이 일부 나타나고 있다.

마지막으로 길림시 일대의 초기철기문화인 포자연문화와의 관계를 살펴보면, 포자연문화의 경우 고분형식으로 순수토광묘 · 토광목곽 혹은 토광목관묘 · 토석혼봉묘 등이 확인되고 있다. 장식은 앙신직지 일차장이 주로 사용되며, 매장인수는 단인장 · 남녀합장 · 일남이녀합장 등이 주로 나타나고 있다. 장례풍속으로는 말의 이빨 혹은 말머리를 순장하는 풍속과 철제의 환수도나 송곳을 90°로 꺾어 넣은 풍습이 유행하고 있다. 토기는 협조사계통의 홍갈색 무문토기와 니질계통의 회색 승문토기가 함께 출토되고 있으며, 홍갈색 무문토기는 토착문화의 영향으로 회색 승문토기는 한문화의 영향을 받아 제작된 것으로 추정하고 있다.[222]

포자연문화 무덤의 특징을 대개석묘 유적과 비교해 보면, 토기를 제외한 기타 다른 특징은 공통점이 거의 발견되지 않고 있다. 토기의 경우, 주로 협조사계통의 홍갈색 무문토기가 사용되고, 매납된 토기 기종이 호 · 관 · 두 · 배 위주로 동일하다는 점, 일부 토기의 경우 기형이 서로 유사하다는 점에서 공통점을 찾을 수 있다. 이로 인해 일부에서는 포자연문화의 협조사계통의 홍갈색 무문토기가 휘발하유역에서 기원하였다는 견해를 제기하고 있다.[223] 필자 역시 포자연문화에 보이는 협조사계통의 홍갈색 무문토기의 기원은 보산문화로 보고자 한다. 기원전 5세기경 동요하-휘발하 상류 일대는 요동지역의 지석묘 문화요소와 더불어 중원지역의 철기문화 요소가 유입되게 된다. 이로 인해 이 지역에 대개석묘를 특징으로

---

222) 李鍾洙, 2004,「夫餘文化硏究」, 길림대학 박사학위 논문.
223) 洪 峰, 1985,「吉林省輝發河上流地區原始文化簡析」『北方文物』3, 27쪽.

하는 보산문화가 형성되게 되었으며, 이 후 점차 그 주변지역으로 확대되어 기원전 3세기대에 이르면 동요하 중류의 공주령 일대와 휘발하 중류의 화전 일대, 심지어는 대흑산산맥을 따라 제이송화강유역까지 영향을 미치게 된다. 다만 서단산문화의 중심지였던 길림시 일대의 경우 늦게까지 서단산문화의 영향이 강하게 남아 있어, 기원전 3세기 말 혹은 기원전 2세기 초에 이르러서야 철기문화가 유입되고 있다.

4. 小結

이상으로 서황산둔 고분군과 그 주변 대개석묘 유적의 특징과 성격 그리고 주변문화와의 관계에 대해 살펴보았다. 길림합달령 일대에서는 지금까지 모두 5곳에서 대개석묘 유적이 발견되었으며, 이 중 발굴이 이루어진 곳은 서황산둔과 이수상둔유적 두 곳에 불과하다. 이들 유적들은 휘발하 중류의 지류와 음마하 상류 일대의 길림합달령 주변에 밀집 분포되어 있으며, 연대는 대략 기원전 4~3세기대로 추정되고 있다.

유적들은 대부분 하천 주변의 지표에서 50~100m 사이의 나지막한 구릉 정상부에 입지해 있으며, 무덤은 대부분 하나의 봉우리에 1기씩만 축조되어 있다. 대개석묘는 무덤의 축조방법에 따라 수혈암석식과 수혈석광식 두 종류로 나눌 수 있다. 지금까지 발견된 대개석묘는 수혈암석식이 대다수를 차지하고 있어, 당시 이 지역에는 수혈암석식이 유행하고 있었음을 알 수 있다. 장식은 다인, 다차, 화장으로 정리할 수 있으며, 인골은 일정한 규칙을 가지고 퇴적되어 있다. 매장인수는 규모가 큰 무덤에는 10인 내외, 작은 무덤에는 5인 내외가 매장되었던 것으로 추정되며, 묘실 내에서 화장이 이루어지고 있다. 화장방법은 간골화장일 가능성이 매우 높으며, 자작나무 껍질이 관곽 대용으로 사용되고 있다. 이러한 매장풍속은 북방초원지대에서 유입된 것으로 추정하고 있다.

대개석묘 무덤에서 출토된 유물은 모두 490여 점에 이르며, 장신구류가 대부분을 차지하고 다음으로 청동기·토기·석기·철기 순이다. 토기는 모두 협조사에 황갈색 무문계통이며, 모두 10cm 내외의 명기가 주를 이루고 있다. 기종은 비교적 단순한 편으로, 배·관·발·호·방추차 등이 있으며, 구연부 혹은 복부에 2개 혹은 4개의 돌기형태의 손잡이가 달려 있는 것이 특징적이다.

청동기는 세형동검·촉각식동검·도·화살촉·팔찌·반지·대롱·동경 등이 출토되었으며, 청동기가 부장되어 있는 무덤들은 대부분 규모가 크고 부장품의 종류와 수량이 풍부한 무덤들에서만 출토되고 있다. 철기는 자귀·낫·도 등의 공구류만 출토되고 있으며, 기형은 전국시기의 철기와 일치하고 있어, 당시에 중원지역의 철기제작기술이 이 지역까지 전파되었음을 알 수 있다. 석기는 공구류와 장신구류가 대부분을 차지하고 있다.

대개석묘 유적의 문화기원을 살펴보면, 휘발하 중류지역은 기원전 6~5세기까지 서단산문화권에 속해 있었으나, 기원전 4~3세기에 들어서면서 동요하-휘발하 상류지역을 중심으로 하는 보산문화가 이 지역에 전파되어 문화내용상의 일대 변화가 나타나고 있다. 이 시기에 형성된 대개석묘 유적군은 보산문화와 문화내용상에서 대부분 일치하고 있어, 보산문화의 큰 범주 안에 들어가는 것으로 볼 수 있으며, 보산문화에 속한 하나의 지역적 특성을 지닌 문화유형으로 볼 수 있다. 길림시 일대의 포자연문화와 비교분석해 본 결과 협조사 홍갈색 무문토기에서 두 지역의 문화의 유사성이 확인되고 있다.

이상의 내용을 종합해 보면, 기원전 5세기경 동요하-휘발하 상류 일대를 중심으로 하는 길림성 남부지역과 요북지역의 대개석묘 유적은 요동지역의 고인돌문화와 더불어 중원지역의 철기문화 영향을 강하게 받게 된다. 이로 인해 이 지역에 대개석묘를 기반으로 하는 보산문화가 형성되게 되었으며, 그 주변지역으로 확대되어 기원전 3세기대에 이르면 동요하 중류와 휘발하 중류, 심지어는 대흑산산맥을 따라 제이송화강유역까지 영향을 미치게 된다. 다만 서단산문화의 중심지였던 길림시 일대의 경우 서단산문화의 영향이 늦게까지 남아 있으며, 기원전 3세기 말 혹은 기원전 2세기 초에 이르러 포자연문화로 대체되게 된다.

부여의 건국에 대해서는 東漢의 학자 王充이 지은 『論衡』吉驗篇에 실린 夫餘國의 건국설화에 잘 나타나 있다. 이 전설의 기본 줄기는 부여를 건국한 동명이 槀離國에서 세력 갈등을 피하여 掩淲水를 거쳐 옛 穢의 故址로 이동하여 국가를 세웠다는 이야기로 이른바 부족의 移住傳說이라 할 수 있다.[224]

설화의 내용 중 동명이 하늘에서 기운을 받아 태어나고 있는 감정출생 내용은 몽고와 만주 일대에 널리 퍼져 있는 신화요소이며, 바다나 강을 건너는 설화내용 역시 주로 북아시아의 어렵과 수렵을 주 경제활동으로 삼는 제 민족 사이에서 많이 등장하는 모티브이다. 동명의 출생지인 탁리국의 위치에 대해서는 눈강 하류의 길림성 大安으로 비정하는 설과, 제일송화강 중류 흑룡강성 賓縣 혹은 巴彦縣 일대로 비정하는 설이 있다.[225]

부여의 건국에 대해 기록된 우리나라의 문헌으로는 『三國遺事』를 들 수 있다. 이 기록에 의하면 북부여가 기원전 59년(西漢 宣帝 神爵3年)에 세워진 것으로 적고 있으나, 그 진위에 대한 의문이 많이 제기되어 일반적으로 부여의 건국시기로는 인정받지 못하고 있는 실정이다. 일부에서는 중국의 문헌기록인 『山海經』·『逸周書』王會篇·『爾雅』釋地·『論語注

---

224) 송호정, 1997, 『한국사4-초기국가-고조선 · 부여 · 삼한』, 국사편찬위원회, 154쪽.
225) 王禹浪, 2002, 「北夷 索離國 및 夫餘 初期王城의 새로운 고찰」 『고구려연구』 14집, 고구려연구회.

疏」·『尙書』周官篇, 孔安國傳 注 등의 기록을 근거로 부여의 출현시기를 빠르게는 商·周시기까지로 올려 보기도 한다.[226] 다만 이 종류의 문헌들이 제시하는 자료는 명확한 논증이 없거나 위서로 추정되고 있어 부여의 출현에 대한 초기 자료로는 그 신빙성이 떨어진다고 할 수 있다.[227]

중국문헌 중 가장 먼저 夫餘라는 명칭이 정확하게 기록되어 있는 문헌은 『史記』貨殖列傳으로 "夫燕……北鄰烏桓·夫餘"[228]라는 기록이 나타나고 있으며, 『漢書』地理志에도 "上谷……北隙烏丸·夫餘"란 기록[229]이 보이고 있다. 이들 문헌기록에 모두 부여가 연의 북쪽에 위치하고 있다는 점을 통해 볼 때, 부여족의 초기 거주지는 북쪽이었을 가능성이 매우 높다. 이상의 문헌기록을 통해 볼 때, 늦어도 기원전 2세경에는 부여라는 명칭이 존재하였던 것으로 볼 수 있다. 부여는 초기에는 종족 명칭으로 사용되다가, 동명이 남하하여 나라를 세운 이후 국가명칭으로 사용되었던 것으로 추정할 수 있다.

부여가 출현하고 있는 기원전 3세기 말에서 2세기 초에 중원지역은 진시황의 통일로 戰國시대가 끝나고, 다시 漢이 건국되는 매우 혼란스러운 전환기를 맞이하고 있었다. 북방에서는 기원전 209년 묵특이 흉노의 선우가 되면서 세력을 확장하여 동쪽의 東胡를 격파하여 북아시아의 절대강자로 등장하던 시기였다.[230] 흉노에 의해 격파된 동호는 그 세력이 둘로 나뉘어 하나는 동쪽으로 이동하여 烏丸이 되고, 다른 하나는 북쪽으로 이동하여 鮮卑가 되고 있다. 鮮卑가 대흥안령산맥 일대로 이동해 오자, 기존에 눈강 일대에 거주하던 夫餘族의 일부세력이 제이송화강 중류 일대로 이동하였던 것으로 추정된다.

---

226) 馬德謙, 1991,「夫餘文化的幾個問題」『北方文物』2.

227) 노태돈, 1989,「부여국의 강역과 그 변천」『국사관논총』4, 국사편찬위원회.

228) 『史記』권129, 貨殖列傳 第69.

229) 『漢書』권28下, 地理志 第8下.

230) 사다와 이사오, 2007,『흉노』, 34~38쪽.

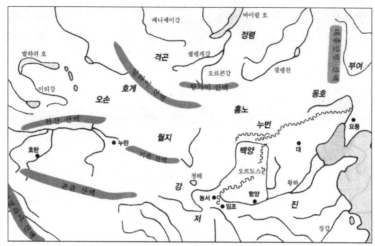

〈삽도 79〉 기원전 3세기경, 북아시아 유목민족 분포도
(사와다 이사오, 「흉노」에서 수정 전제)

이는 당시 한반도와 요동 일대에 세력을 형성하고 있던 고조선의 정권
교체와도 밀접한 관련이 있는데, 즉 위만이 준왕을 몰아냄으로써 준왕은
韓지역으로 이동하게 되고, 이로 인해 당시 중국 동북지역의 고조선 연
맹이 와해되었다. 당시 고조선 연맹에 소속되어 있던 제이송화강 중류
일대에서 서단산문화를 영유하던 穢族들 역시 일부가 남쪽으로 이동하
게 되고, 그 공백을 夫餘族이 들어와 차지한 것으로 추정할 수 있다.

부여 건국집단의 종족적 성격에 대해서 기존의 한국학계에서는 부여
의 종족적 성격을 예맥계통으로 보는 견해가 주류를 이루고 있다. 이는
『三國志』의 "其印文言「濊王之印」, 國有故城名濊城, 蓋本濊貊之地, 而夫餘王
其中, 自魏「亡人」, 抑有(似)[以]也."[231] 라는 기록을 그 근거로 삼고 있다.
그러나 부여의 건국집단이 과연 예족이었는가에 대해서는 검토의 필요
성이 제기된다. 즉 예족이 살고 있던 제이송화강 중류지역과 동명의 출

---

231) 『三國志』 魏書 권30, 烏桓鮮卑東夷傳 30, 夫餘.

자인 탁리국이 위치해 있던 눈강 하류 혹은 제일송화강 중류 일대는 자연지형적 특징과 경제생활을 영위하는 방법에서 큰 차이를 보이고 있으며, 고고학 문화에서도 큰 차이를 보이고 있어 두 지역을 하나로 묶어 하나의 종족집단으로 보기에는 어려움이 있다.

이를 통해 볼 때, 부여국을 건국한 지배세력은 부여족이며, 피지배 계층은 예족이었을 가능성이 매우 높다. 부여족의 종족적 성격은 건국설화에 북이라는 명칭이 사용되고 있는 점, 북쪽에서 남하한 사실, 문헌기록에 오환과 더불어 연의 북쪽에 위치해 있다는 점 등을 통해 볼 때 예맥족이라기 보다는 북아시아 계통일 가능성이 매우 높다고 할 수 있다.

이에 본장에서는 부여의 출자인 탁리국의 중심지로 추정되는 두 지역 중 하나인 흑룡강성 빈현 일대의 경화성지와 그 주변지역의 보류유적에 대해 살펴보도록 하겠다.

I. 慶華城址遺蹟과 夫餘의 文化起源

경화성지유적은 제일송화강 중류지역의 가장 대표적인 초기철기시대 유적이라 할 수 있다.[232] 이 외에도 주변지역에서 경화성지유적과 유사한 문화내용을 지닌 유적들이 발견되고 있는데, 老山頭遺蹟·王八脖子城址·城子山堡壘·城子溝堡壘·黃大城子山堡壘 등이 이에 속한다. 이들 유적

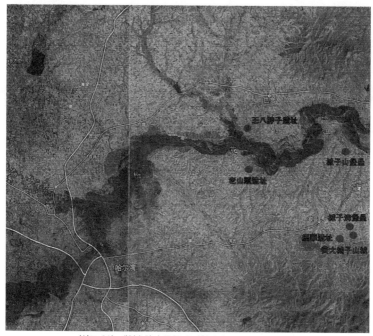

〈삽도 80〉 제일송화강 중류 초기철기시대 문화유적 분포도

---

[232] 이 성지의 연대에 대해 발굴보고서에는 기원전 5세기대에서 기원전후한 시기까지 약 500여 년에 걸쳐 사용된 것으로 추정하고 있다. 그러나 최근에 이 유적의 연대를 기원전 3세기대에서 기원 2세기까지로 낮추어 보는 견해도 제기되고 있다. 그러나 이러한 견해들은 모두 대략적인 추정에 불과할 뿐, 정확한 판단 기준을 제시하지 못하고 있다.

張　偉, 2001, 『松嫩平原戰國兩漢時期文化遺存研究』, 吉林大學碩士學位論文.

의 대략적인 분포범위는 哈爾濱市에서 方正縣까지의 제일송화강 연안 및 그 지류에 해당되며, 주로 제일송화강 혹은 그 주변 지류 연안의 2급 대지상에 위치해 있다. 그러나 이러한 유적들은 대부분 지표조사에서 확인되었을 뿐, 정밀 시·발굴조사가 이루어지지 않아 유적의 전체적인 문화내용을 파악하기에는 어려움이 있다.

1. 主要 遺蹟

1) 慶華城址遺蹟

경화성지유적은 제일송화강 중류의 黑龍江省 賓縣 新立鄕 慶華村 北山의 남쪽 비탈상에 위치해 있다. 유적의 전체면적은 18만㎡이며, 성지는 구릉의 정상부와 남쪽 사면에 입지해 있다. 유적의 남쪽에는 작은 하천이 흐르고 있으며, 하천 건너편에 慶華村이 형성되어 있다. 동쪽과 남쪽은 大靑山이 감싸고 있으며, 북쪽과 서쪽은 넓은 평원지대로 제일송화강까지의 거리는 대략 20km 정도이다.

유적은 1981년 松花江地區 文物普査隊가 송화강지구[233]에 대한 문물조사를 실시하는 과정에서 발견되었으며,[234] 1985년 4월 흑룡강성 문물고고연구소에 의해 발굴이 이루어졌다.[235] 경화성지의 평면은 타원형이며, 전체길이는 650m이다. 현재 잔존해 있는 성벽의 높이는 1.5m 내외이며, 성내부의 지세는 북쪽이 높고 남쪽이 낮게 이루어져 있다. 성문은 서·남·북 3면에 나 있으며, 잔존 너비 7m 정도이다. 성벽은 토축으로 이

---

233) 松花江地區는 하나의 행정구역으로 雙城市, 賓縣, 五常市, 阿城市 등이 편제되어 있었으나, 현재는 哈爾濱市로 통합되어 있다.

234) 松花江地区文物管理站, 1983, 「松花江地区1981年文物普査簡报」 『黑龙江文物丛刊』 1.

235) 黑龙江省文物考古研究所, 1988, 「黑龍江賓縣慶華遺址發掘簡報」 『考古』 7.

루어져 있으며, 성의 북·서·남 3면에 해자가 설치되어 있고, 치와 각루 등의 방어시설은 보이지 않는다. 성벽 기저부와 성문 부근에는 대량의 잡석이 깔려 있는 점으로 미루어 보아 성벽의 축성방법은 먼저 잡석으로 기초를 다진 후 상부는 흙으로 판축하고 있다. 성내의 정중앙에는 4m 정도의 인공으로 쌓은 토대가 남아 있다.[236]

성내 발굴은 두 지역으로 나누어 진행되었는데, 한 곳은 성내 중앙의 토대를 중심으로 7개의 트렌치를 설치하였으며, 다른 한 곳은 동북쪽 성벽에 동서방향으로 두 줄의 트렌치를 설치하였다. 발굴결과 주거지 2기와 저장구덩이 3기 등이 확인되었으며, 300여 점의 유물이 출토되었다.

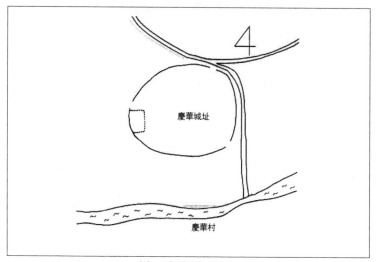

〈삽도 81〉 경화성지 평면도

---

236) 2003년 12월 필자가 직접 답사할 시에는 土丘의 형체는 남아 있지 않고, 그 흔적만 찾아 볼 수 있었다.

북쪽성벽

〈삽도 82〉 경화성지 전경(서북-동남)

〈삽도 83〉 성내에서 바라 본 경화촌 및 대청산 전경(북-남)

2) 老山頭遺蹟

노산두유적은 黑龍江省 賓縣 巨源鄉 靠山屯 북쪽 1.5km 거리의 노산두 정상부에 위치해 있다. 1957년 흑룡강성 박물관에서 이 지역을 조사하는 과정에서 처음 발견되었다.[237] 비교적 평탄한 산 정상부에서 서북쪽에서 남쪽을 향해 배열된 5기의 주거지가 발견되었으며, 지표면에 土壙와 주거지 벽면이 잔존해 있다. 이들 주거지 중 기의 주거지와 노지에 대해 발굴이 이루어져 다양한 유물이 출토되었다.

3) 王八脖子山城址遺蹟

왕팔발자산성지유적은 흑룡강성 巴彦縣 松花江鄉 富裕村 남쪽 1.5km 거리의 제일송화강과 少陵河가 합류되는 2급대지상에 위치해 있다. 이 유적은 1982년 문물조사에서 발견되었으며,[238] 이후 1993년에서 2001년까지 몇 차례의 지표조사가 이루어졌다.[239]

유적이 위치한 지형은 강안 충적평원보다 20m 정도 높게 형성되어 있으며, 남쪽과 서쪽은 비교적 급한 경사를 이루고 있다. 대지의 지세가 마치 한 마리의 거북이가 목을 뽑고 있는 것 같아 현지 주민들은 '왕팔발자산'이라 부르고 있다. 유적의 전체면적은 약 20만㎡이며, 흑룡강성 경내의 발견된 청동기시대에서 초기철기시대에 이르는 유적 중 가장 큰 면적을 자랑하고 있다. 유적의 남부와 서남부에 각각 15×20㎡, 50×30㎡의 평면이 타원형에 가까운 성지가 남아 있다. 지표면에서 다량의 토기편, 석기, 청동기, 철기, 골각기 등이 수습되었다.

---

237) 赵善桐, 1962, 「黑龙江宾县老山头遺址发掘简报」 『考古』 3.
238) 松花江地区文物管理站, 1983, 「松花江地区1981年文物普查简报」 『黑龙江文物丛刊』 1.
239) 王禹浪·李彦君, 2002, 「北夷"索离"国及其夫餘初期王城新考」 『高句麗의 國際關係』, 高句麗研究會.

4) 城子山堡壘遺蹟

성자산보루유적은 흑룡강성 賓縣 新甸鄉 集賢屯 동남쪽 700m 거리의 海淇河 우안 성자산 정상부에 위치해 있다. 성자산은 150m 내외의 나지막한 구릉으로 서쪽에는 도기하가 흐르고 있으며, 하천 건너에는 吉利屯이 위치해 있다. 북쪽으로는 제일송화강과 3.5km 거리에 있으며, 동쪽으로는 대청산이 높게 솟아 있다. 성자산 주변은 충적평원이 넓게 형성되어 있다. 이 보루는 1981년 송화강지구에 대한 문물조사에서 발견되었다.[240]

보루의 성벽은 산세를 따라 보축되어 있으며, 평면은 타원형이고, 전체길이는 130m이다. 성벽은 토축으로 이루어져 있으며, 현재 남아 있는 잔고는 0.8m 내외이다. 성문과 치 등의 시설은 확인되지 않는다. 성내 시설물로는 11개의 구덩이가 확인되고 있는데, 중앙의 직경 4.5m 내외의 대형 구덩이를 중심으로 주변에 10개의 직경 2.5m 내외의 소형 구덩이가 배치되어 있다. 모두 솥바닥 형태이며, 구덩이와 구덩이 사이는 흙으로 쌓은 둔덕으로 이어져 있다. 성내에서 유물은 출토되지 않았다.

5) 城子溝堡壘遺蹟

성자구보루유적은 흑룡강성 賓縣 三寶鄉 玉豊村 城子溝屯 남쪽 30m 거리의 성자구산 산비탈 상에 위치해 있다. 동쪽으로는 陀腰山과 서로 마주보고 있으며, 중간에는 큰 하천이 흐르고 있다. 남쪽으로는 黃大城子山과 2.5km 거리에 있으며, 서쪽으로는 小溪河가 흐르고 있다. 이 보루 역시 1981년 송화강지구에 대한 문물조사에서 발견되었다.

---

240) 松花江地区文物管理站, 1983,「松花江地区1981年文物普査简报」『黑龙江文物丛刊』1.

보루의 성벽은 산세를 따라 쌓고 있으며, 평면이 타원형에 전체길이는 120m 내외이다. 성벽은 토축으로 이루어져 있으며, 잔존 높이는 1.2m정도이고, 성문과 치 시설은 보이지 않는다. 성내에서는 성자산보루와 마찬가지로 모두 11개의 구덩이가 발견되고 있으며, 중앙에 대형 구덩이가 1개 있고, 그 주변에 10개의 소형 구덩이가 배치되어 있다. 구덩이의 형태는 모두 솥바닥형태이며, 성내에서는 어떠한 유물도 발견되지 않았다.

이밖에도 黃大城子山 정상부에 이와 유사한 성이 남아 있는데, 규모가 성자구보루에 비해 규모가 3배 정도 큰 것으로 전해지고 있다.

2. 遺蹟의 特徵

경화성지와 그 주변에서 발견된 유적들은 평원지대와 구릉지대가 서로 만나는 지점에 위치해 있을 뿐만 아니라, 제일송화강을 통해 쉽게 주변지역과 왕래를 할 수 있는 자연·지리적 이점을 지니고 있었다. 이로 인해 문화내용이 매우 다양하고 복잡하다는 특징을 보이고 있다.

1) 城址

먼저 성의 입지를 분석해 보면, 조사된 성들은 모두 산세를 따라 자연 지형에 알맞게 성벽을 구축하고 있다. 성의 평면은 모두 불규칙한 타원형인데, 이러한 형태는 기본적으로 길림성과 흑룡강성 일대 초기철기시대 성지들이 타원형 혹은 원각장방형이라는 점[241]과 부합되고 있다. 성의 규모는 경화성지가 650m이고, 기타 보루들은 대부분 100~300m 내외인

---

241) 李鍾洙, 2003, 「夫餘城郭의 특징과 관방체계 연구」『白山學報』 67집, 백산학회.

점을 통해 보면, 경화성지는 중형성에, 기타 성지들은 보루 성격의 소형 성으로 분류할 수 있다.[242] 성벽의 축성방법은 성벽과 성문의 기단부는 잡석을 깔아 기반을 다진 후에 판축하는 방법을 이용하고 있다. 규모가 작은 보루의 경우 조사보고서에는 토축인 것으로 기록되어 있으나, 이와 유사한 형태의 보루들이 대규모로 발견되고 있는 흑룡강성 佳木斯市[243]와 吉林省 上河灣鎭[244] 보루들이 토석혼축[245]으로 이루어져 있다는 점을 감안하면 토석혼축일 가능성도 배제할 수 없다.

성의 시설물로는 성문과 해자가 확인되고 있다. 성문은 어떤 규칙을 가지고 축성한 것이 아니라 자연지형에 따라 출입이 유리한 지역에 설치하고 있다. 그러나 보루의 경우 성문시설이 확인되지 않고 있는데, 이 역시 길림성과 흑룡강성 일대에서 확인된 보루들에서도 공통적으로 나타나는 특징이다. 해자는 경화성지에서만 확인되고 있는데, 이는 이 성이 접근하기에 용이한 완만한 경사면에 위치해 있어 방어의 단점을 보완하기 위해 설치한 것으로 추정된다. 이밖에도 발굴보고서에는 경화성지에 치와 각루 등의 시설물이 설치되어 있지 않다고 기록되어 있으나, 성내의 한가운데에 인공으로 쌓은 4m 높이의 돈대가 남아 있고, 현재 북문 옆에도 잔존 높이가 2m 정도인 돈대가 남아 있어, 성내 혹은 성벽에 방어와 관련된 시설물이 있었을 기능성에 대해서도 완전히 배제할수는 없다.

이상의 내용을 통해 보면, 경화성지는 이 지역을 통치하던 세력집단의 행정적 · 군사적 중심지였던 것으로 추정되며, 보루는 부락의 자체방

---

242) 부여의 성은 그 규모에 따라 대 · 중 · 소 3형으로 분류할 수 있는데, 대형은 周長이 1000m 이상이고, 중형은 周長이 1000m~500m사이, 소형은 周長이 500m 이하에 속하는 성이다.

243) 佳木斯市文管站, 1982,「佳木斯市郊山城遺址調查」『黑龍江文物叢刊』3.

244) 吉林省文化局群衆文化处, 1961,「吉林九台上河湾考古调查」『考古』3.

245) 백종오의 경우 2005년 상하만진 지역의 보루를 직접 답사한 후, 이 지역의 보루는 토석혼축성이 아니라 석성이라는 견해를 제시하였다.

어와 더불어 중심지역으로의 정보전달을 위한 감시초소의 역할을 담당했던 것으로 추정할 수 있다. 경화성지를 중심으로 한 이 지역의 관방체계를 간략하게 살펴보면, 경화성지 주변에는 성을 방어할 목적으로 두 개의 보루가 설치되어 있으며, 기타 보루들은 이 지역의 가장 중요한 교통로인 제일송화강을 통제할 목적으로 전략적 요충지에 설치되어 있다. 전체적으로 보루들은 대부분 제일송화강연안과 경화성지의 북쪽에 위치해 있는데, 이는 이 지역의 주 방어 방향이 북쪽이었음을 설명해 주고 있다.

〈삽도 84〉 경화성지 북서쪽 성벽 잔존 구간

〈삽도 85〉 경화성지 동문 전경

〈삽도 86〉 경화성지 남문 전경

2) 생활유적의 특징

이 지역에서 확인된 생활유적으로는 주거지, 住居坑[246], 灰坑[247], 저장구
덩이 등이 있다. 주거지는 경화성지, 노심두유적 등에서 발견되고 있으
며, 간이 주거시설인 주거구덩이는 성자구보루, 성자산보루 등 소형산성
에서 주로 확인되고 있다. 이밖에도 회갱과 저장구덩이는 경화성지에서
만 발견되고 있다.

주거지의 특징을 살펴보면, 먼저 경화성지 1호 주거지는 성내 중앙의
토대에 설치한 트렌치에서 발견되었다. 발견 당시 대부분 파괴되고 극히
일부의 바닥면과 노지만이 남아 있어 정확한 형태와 구조를 파악하는데
어려움이 있었다. 2호 주거지는 동북쪽 성벽에 설치한 트렌치에서 발견되
었는데, 상부는 성벽에 의해 이미 파괴되어 있으나 하부는 비교적 잘 남아
있어 형태와 규모를 파악할 수 있다. 주거지의 평면은 말각방형이며, 한
변의 길이는 3.40m, 잔존 높이는 1.5m이다. 바닥면은 평편하게 다진 후
소성을 거쳐 단단하게 다지고 있으며, 내부시설은 노지만 확인될 뿐 기타
저장구덩이나 주공은 확인되지 않고 있다. 주거지 출토유물로는 소량의
홍의도(紅衣陶)편과 협사 갈색계통의 토기편, 채회토기편 및 돼지모양의
塑造品 등이 있다. 회갱과 저장구덩이는 모두 1호 주거지 주위에서 발견되
고 있으며, 그 형태는 타원형이 주를 이루고 있다. 이러한 주거지의 형태
는 당시 눈강 하류와 제일송화강 상류지역에 광범위하게 분포되어 있던
한서이기문화의 주거지와 동일한 형식으로, 이를 통해 이 지역이 당시 눈
강 하류지역과 밀접한 관련을 맺고 있었음을 설명해 주고 있다.

---

246) 이 시설은 주로 소형산성 혹은 보루에서 확인되며, 수량은 성의 규모에 따라 차이를 보이고 있다. 그
  용도에 대해서는 일반적으로 병사들이 머물던 간이 주거시설로 파악하고 있다.
  佳木斯市文管站, 1982,「佳木斯市郊山城遺址調査」『黑龍江文物叢刊』3.
247) 구덩이 내부에 다량의 소성토와 목탄 등으로 인해, 퇴적토가 흑회색토을 띄고 있어 灰坑이라 부르
  며, 그 용도에 대해서는 쓰레기를 처리하던 곳. 혹은 저장시설 등 여러가지 견해가 제기되고 있다.

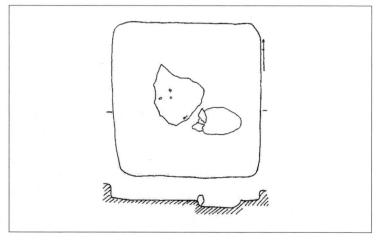

<삽도 87> 경화성지 내 2호 주거지 평·단면도

주거구덩이는 주로 보루유적에서만 발견되고 있는데, 대부분 10기 내외로 이루어져 있다. 중앙에 대형 구덩이가 1기 설치되어 있고, 나머지는 그 주변에 둥글게 배치되어 있는 양상을 보이고 있어 매우 특징적이라 할 수 있다. 주거구덩이 내부에서는 단 1점의 유물도 출토되지 않고 있는데, 이러한 현상은 이와 유사한 성격의 다른 지역 보루에서도 동일하게 나타나고 있다.

3. 出土遺物의 特徵

위에서 살펴 본 유적 중 경화성지유적·노심두유적·왕팔발자성지유적 등에서만 유물이 출토되고 있다.

1) 토기

경화성지유적에서 출토된 토기는 태토와 문양 등에 따라 협사 혹은 니질의 갈색계통 무문토기, 붉은색 슬립을 입힌 홍의도, 채색토기 등으로 나눌 수 있다. 협사 혹은 니질의 갈색 무문토기는 전체의 60% 정도를 차지하고 있으며, 소성온도가 그리 높지 않고, 소성시에 기화가 불규칙해 여러 색이 동시에 나타나고 있다. 일부는 구연부에 진흙띠를 두르고 손가락으로 누른 모양의 부가퇴문이 장식되어 있으며, 주요 기종으로는 옹·관·두·반·완·증·격 등이 있다. 홍의도는 전체 토기의 18%를 차지하고 있으며, 토기 표면은 모두 마연을 거치고 있는데, 소성 전에 이루어진 것으로 보여 진다. 대표 기종으로는 호와 관이 있다. 채색토기는 전체의 22%를 차지하고 있으며, 제작방법은 먼저 황갈색의 태토상에 홍갈색 채회를 칠해 만들고 있다. 주요 문양으로는 삼각문(三角紋), 능형문(菱形紋), 기하문(幾何紋), 황대문(橫帶紋) 등이 있으며, 일부는 가로방향의 손잡이(橋狀耳)가 달려 있다. 주요 기종으로는 관·두·분·발·완·격 등이 있다.

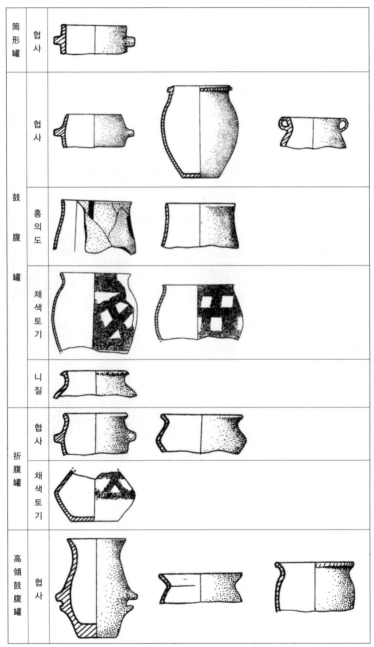

<삽도 88> 경화성지 출토 관

深腹盆	협사	
長腹盆	협사	

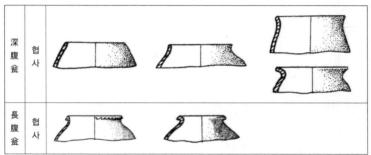

〈삽도 89〉 경화성지 출토 옹

		실심두	공심두
盤形豆	협사		
盤形豆	채색토기		
矮圈足豆	협사		
矮圈足豆	니질		

〈삽도 90〉 경화성지 출토 두

壺	홍의도	

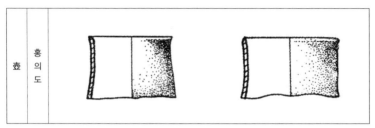

〈삽도 91〉 경화성지 출토 호

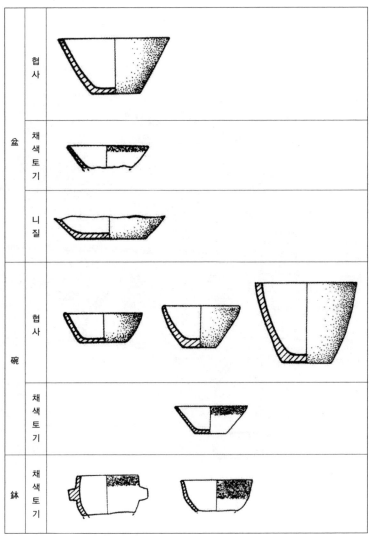

〈삽도 92〉 경화성지 출토 분·완·발

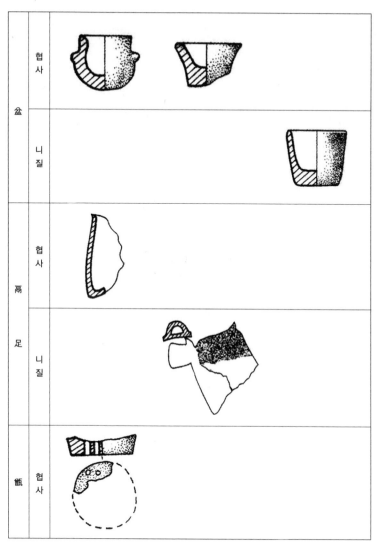

〈삽도 93〉 경화성지 출토 충·격·증

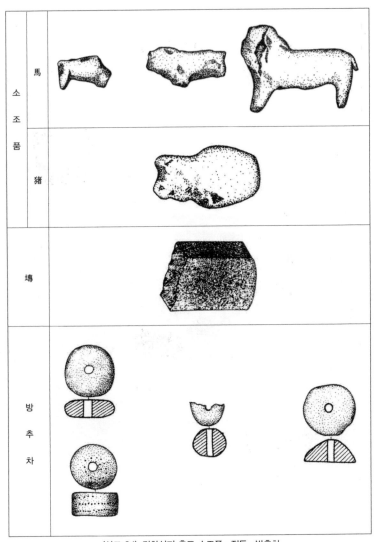

소조품	馬	
	猪	
塼		
방추차		

〈삽도 94〉 경화성지 출토 소조품·전돌·방추차

노심두유적에서 출토된 토기 역시 수량이 많은 편으로, 협사와 니질 계통으로 나눌 수 있으며, 협사계통은 다시 가는 모래가 혼입된 것과 굵은 모래가 혼입된 것으로 나눌 수 있다. 색은 옅은 황색, 옅은 홍색, 황갈색 등이 주를 이루고 있으며, 대부분 비점문을 장식하고 있다. 대표 기종으로는 관·방추차·박자·거푸집·어망추 등이 있다.

왕팔발자성지유적에서 출토된 토기는 대부분 협사계통으로 대형 기물의 경우 커다란 모래 알갱이가 섞여 있으며, 일부에는 조개껍질 가루가 섞여 있다. 대표 기종으로는 두·격·완·관·배·호 등이 있다. 문양은 추자문·비점문·각화문·그물문·돌기문·부가퇴문 등이 있다.

이들 세 유적에서 출토된 토기들은 대부분 지표에서 수습된 잔편이며, 원보고서에 토기의 특징에 대한 자세한 설명이 없는 관계로 비교분석에 많은 어려움이 있다. 위의 유적들에서 출토된 토기의 특징을 표로 정리해 보면 다음과 같다.

〈표 13〉 경화성지 및 그 주변유적 출토 토기의 특징

유적명	태토	색깔	문양	제작방법	주요 기종	비고
경화성지	夾砂	황갈색	무문	手製	甕·罐·豆·盆·碗·甑·鬲	
	紅衣	등홍색	무문	手製	壺·罐	마광
	彩色	홍갈색	三角紋·菱形紋·幾何紋·橫帶紋	手製	罐·豆·盆·鉢·碗·鬲	교상이(일부)
	泥質	黃褐色	素面·附加堆紋(소수)	手製	罐·豆·盆·盅	
노심두유지	夾砂泥質	浅黄色·浅红色·黃褐色 위주	篦点紋	?	陶罐·陶紡轮·陶拍·陶范·陶饼·陶网坠	
왕팔발자성지	夾砂		錐刺紋·篦点紋·刻劃紋·網格紋·乳丁紋·附加堆紋	?	豆·鬲·盆·碗·罐·杯·壺	

경화성지에서 출토된 토기 중 가장 많은 수량을 차지하고 있는 것은 협사계통의 무문토기이다. 이 종류의 토기 중 일부 기종은 서단산문화 중·만기유적에서 출토된 것과 기형면에서 유사하다. 예를 들면 뾰족한 입술(尖脣)에 벌어진 구연(侈口), 둥근 복부(鼓腹), 평편한 바닥(平底)을 가진 호의 경우, 五常 西山 고분에서 출토된 서단산문화 호와 매우 유사하

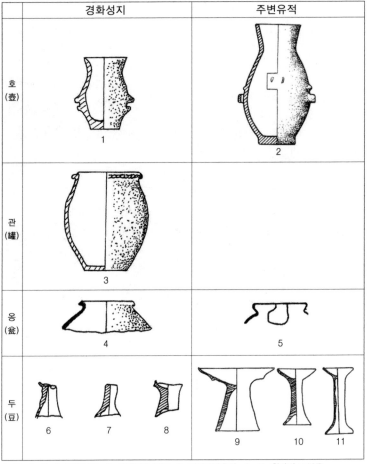

경화성지	주변유적
호 (壺)	
관 (罐)	
옹 (瓮)	
두 (豆)	

1·3·4·6~8. 경화성지 2. 오상서산 고분 5. 전가타자유적 9~11. 형가점 고분군

〈삽도 95〉 경화성지와 주변유적 출토유물 비교

다. 이는 협사 무문토기의 경우 서단산문화의 영향이 일정정도 남아 있음을 설명해 주고 있다. 반형두의 경우 길림시 일대의 포자연전산유적과 덕혜 형가점 고분군, 동녕 단결유적 등에서 출토된 것과 거의 유사하다. 이러한 유형의 두는 본래 동요하-휘발하 상류지역을 중심으로 발전해 있던 보산문화에서 유행하던 것으로 이후 제이송화강과 그 지류인 이통하, 음마하 등을 따라 이 지역까지 전파된 것으로 추정된다. 다만 관 중에 비록 소량이긴 하나 구연부에 부가퇴문이 새겨진 것들이 발견되고 있는데, 이런 형식의 관은 한서이기문화 혹은 망해둔유형 문화의 영향으로 볼 수 있다. 이 종류의 관은 읍루-말갈계통 유적에서 흔히 발견되는 말갈 관과도 유사하다.

다음으로 홍의도는 대부분 잔편만이 출토되어 주변지역과의 비교에 어려움이 있다. 다만 이 종류 토기가 눈강 하류 한서이기문화의 표지적 유물인 점을 감안한다면, 경화성지에서 출토되고 있는 이 종류의 토기는 눈강 하류에서 제일송화강을 타고 이 지역에 전파되었을 가능성이 크다. 채색토기는 그 기형이 한서이기문화에서 출토된 것과 거의 유사하게 나타나고 있는데, 예를 들면 경화성지에서 출토된 구연부와 경부가 파손된 채색토기의 경우 복부가 급하게 꺾어지고 있는데, 이런 형태의 토기는 한서유적 상층과 후토목 고분군 등에서 출토되고 있다.

2) 철기와 청동기

철기는 경화성지에서 모두 4점이 출토되었는데, 도 2점, 삽 1점, 화살촉 1점 등이다. 제작방법은 모두 쌍범합주로 이루어져 있다. 철도는 直背弧刃이며, 전체적으로 앞쪽이 날카롭고 뒷부분은 무디게 되어 있다. 철삽은 심하게 부식되어 있어 원래의 형태를 확인하는데 어려움이 있다. 화살촉은 편평한 형태의 유엽형을 이루고 있다. 왕팔발자성지유적의 경우 철확과 철추가 발견되었다고 하나 자세한 내용은 기록되어 있지 않다. 청동기는 경화성지의 경우 용도를 알 수 없는 불명기 1점이 출토되었는데, 형태는 둥근 날과 볼록 뛰어나온 척을 가지고 있다. 왕팔발자성지유적에서는 화살촉·동포(泡)·동단추(扣)·허리띠(帶卡)·장신구 등 소형 기물이 주로 발견되고 있다.

지금까지 이 유형의 유적에서 출토된 철기와 청동기의 수량은 극소수에 불과하다. 이는 당시 이 지역이 본격적으로 철기가 사용되지 않고 있음을 설명해 주고 있다. 출토된 철기 중 비교적 그 형태가 잘 남아 있는 도와 화살촉의 경우 그 형태가 중원계통의 철기와 유사한 특징을 보이고 있다.

철기	도(刀)	
	화살촉(鏃)	
청동기	용도미상	

〈삽도 96〉 경화성지 출토 철기와 청동기

3) 기타

이 밖의 출토유물로는 골각기와 석기 등이 있다. 경화성지에서는 매우 많은 양의 골각기가 출토되고 있는데, 종류로는 송곳·화살촉·빗·방추차·갑옷편·대롱 등이 있다. 추는 단면이 원형·장방형·월아형(月牙形)·삼각형인 것으로 나눌 수 있다. 화살촉은 촉신의 단면이 유엽형인 것과 장방형인 것으로 나눌 수 있다. 빗은 사다리형태로 윗부분에 손잡이 혹은 추가 달려 있으며, 거치문 혹은 각화문이 새겨져 있다. 방추차는 국화형과 원형이 있으며, 갑옷편은 장방형으로 마제에 윗부분에 대칭된 10개의 원형 구멍이 뚫려 있다.

노심두유적에서는 송곳·화살촉·작살·낚시바늘 등이 출토되었으

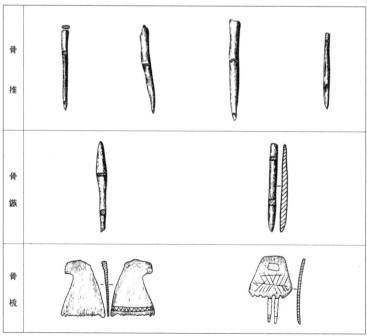

〈삽도 97〉 경화성지 출토 골각기

며, 왕팔발자성지유적에서는 송곳·갑옷편·토기의 문양을 장식할 때 사용하는 공구·화살촉·사슴뿔 송곳 등이 출토되었다.

석기는 경화성지의 경우 석촉 1점 만이 출토되었고, 노심두유적에서 석촉·괄삭기·석구 등이 출토되었으며, 왕팔발자성지유적에서도 석촉·석구·괄삭기·석부·석착·갈돌과 갈판 등이 수습되었다.

이 유적들에서 출토된 유물의 가장 큰 특징은 골각기가 매우 발달되어 있다는 점을 들 수 있다. 이러한 특징은 제일송화강유역에 위치한 유적들에서 공통적으로 나타나고 있는 특징이다. 골각기의 재료로는 주로 사슴·양·멧돼지 뼈가 이용되고 있다.

4. 文化起源 및 夫餘와의 關聯性에 대하여

경화성지 발굴 개략보고서에 의하면 토기의 기형과 철기의 형태가 東寧 團結遺蹟에서 출토된 것과 유사하다는 점을 들어 團結文化가 長廣才嶺을 넘어 이 지역에까지 영향을 미친 것으로 파악하고 있다. 물론 단결문화의 문화요소가 綏芬河를 통해 흑룡강유역으로 전파된 후에 다시 강을 거슬러 올라가 賓縣 일대에 영향을 전파했을 가능성도 배제할 수 없지만, 경화성지에 나타나고 있는 단결문화 요소는 다른 각도에서 그 해답을 찾아야 할 것이다.

즉 보고서에서 대표적인 단결문화 요소로 주장하고 있는 盤形豆와 鐵揷의 경우 토착적인 단결문화의 특징이라기보다는 다른 문화에서 유입된 외래문화 요소로 보아야 한다는 점이다. 이는 앞에서도 설명한 것과 같이 반형두의 경우 보산문화의 표지적 유물로, 요북지역을 중심지로 볼 수 있다. 철삽의 경우도 그 형식면에서 중원에서 제작되어 유입되었거나, 중원의 영향을 받아 제작된 중원 계통으로 볼 수 있다. 이러한 점들은 당시의 문화전파 경로에 의해서도 확인할 수 있는데, 당시 문화전파의 주 방향은 중원지역에서 요서·요동지역을 거쳐 다시 눈강 하류 일대와 동요하–휘발하 상류 일대로 전파되며, 이들 지역의 문화와 상호 결합하여 새로운 한서이기문화와 보산문화라는 문화유형으로 새롭게 탄생하고 있다. 이 후 한서이기문화는 제이송화강을 따라 남류하고, 보산문화는 제이송화강과 그 지류를 따라 북류하면서 대흑산산맥 일대에서 만나후 다시 대흑산산맥 일대와 그 주변지역에 독특한 문화유형을 형성하고 있다. 이 문화는 다시 북쪽의 제일송화강 일대와 동쪽의 연해주 일대로 전파되고 있다.

당시의 이러한 문화 전파과정을 고려한다면, 단결문화에 나타나고 있는 외래문화 요소는 제이송화강 중류유역이나 혹은 요북지역의 문화가 혼강유역을 따라 전파되었을 가능성이 높다. 굳이 경화성지와 단결문화와의 관계를 설정한다면, 빈현 일대에서 수분하유역으로 전파되었을 가능성이 더 큰 것으로 볼 수 있다.

이상의 내용을 통해 볼 때, 경화성지와 그 주변 유적의 문화내용은 눈강 하류 및 제일송화강 상류지역의 한서이기문화를 기본 요소로 하고 있으며, 이밖에도 약간의 서단산문화 요소와 보산문화 계통 및 원문화 계통의 요소도 약하게나마 보이고 있다. 종합적으로 경화성지는 한서이기문화를 바탕으로 하여 주변지역의 문화요소가 일부 혼입되어 만들어진 한서이기문화의 주변유형으로 볼 수 있다. 즉 경화성지와 그 주변유적들이 위치한 제일송화강 중류 일대는 제일송화강을 교통로로 이용되면서, 비교적 손쉽게 눈강 하류지역의 문화가 유입되었고, 이 문화를 바탕으로 기타 주변문화의 일부 특징을 받아들여 하나의 독특한 문화내용을 가진 새로운 문화유형으로 발전하였다.

다음으로 경화성지유적이 부여문화의 기원인지를 살펴보기 위해서는 두 문화간의 비교 검토가 요구된다. 먼저 경화성지유적과 부여의 성지를 비교해 보면, 여러 방면에서 공통점이 나타나고 있다. 즉 자연지형에 의 거해 성벽을 구축하고 있는 점, 축성방법으로 대부분 토축 혹은 토석혼축이 이용되고 있는 점, 성지의 평면이 원형이거나 불규칙 타원형이라는 점, 소규모의 보루가 발달해 있다는 점, 경화성지의 경우 성의 규모가 부여의 지방 중진에 설치되던 중형에 속하고 있다는 점, 중진성을 중심으로 그 주변에 소형의 보루가 배치되어 있는 점, 중진성에는 해자시설이 갖추어져 있다는 점 등을 공통점으로 들 수 있다. 이러한 점을 놓고 볼 때, 이 지역의 성들은 부여 중심지역의 성들과 일정 정도 관련이 있음을 쉽게 추정할 수 있다.

주거유적의 경우 부여 주거지에 대한 조사자료의 부재로 인해 비교분석에 어려움이 있다. 다만 발표된 일부 자료를 통해 보면, 부여의 중심지인 길림시 일대의 경우 원형 수혈식 주거지가 주로 확인되고 있고,[248] 경화성지의 경우 방형의 주거지가 사용되고 있다. 이밖에도 특징적인 것이 보루 내부에서 확인되는 주거구덩이의 경우 上河灣鎭 堡壘群에서 보이는 것과 형식과 규모면에서 일치하고 있다. 다만 주거구덩이의 수량과 배치면에서 경화성지 일대 보루의 주거구덩이는 일정한 규칙을 보이고 있는 반면, 상하만진의 경우 이러한 규칙성이 나타나지 않고 있다.

출토유물에 있어서도 토기의 경우 부여문화에서는 협조사 황갈색 무문의 토착적인 요소가 강한 토기와 니질의 회색 승문계통의 한식 토기가 대량으로 사용되고 있는 반면, 경화성지에서는 주로 협사갈색 무문토기 계통, 붉은색 슬립이 입혀진 토기, 채색토기 등 한서이기문화 계통의 토기가 출토되고 있다. 또한 기형면에서도 두 지역의 토기는 많은 차이를 보이고 있다.

이상의 내용을 통해 보면 성지를 제외한 기타 유적과 유물의 경우 부

---

248) 2003년 吉林市 轉山 부근에서 부여시대 주거지 1기와 잿 구덩이 7기가 발견되었으나 상세한 발굴보고서는 아직 출간되지 않고 있으며, 지방신문에 간략하게 기사화되어 있다. [新文化報], 2003년 10월 26일 4판.

여 문화와 차이를 보이고 있다. 전체적으로 경화성지유적에서 확인된 주거지와 유물은 부여 중심지에서 확인된 유적과 비교해 볼 때, 길림시 일대의 부여문화 유적에 비해 이른 시기에 형성된 것으로 파악할 수 있으며, 다만 두 유적간에 문화적 연원(淵源)관계는 확인되지 않는다.

위에서 설명한 내용을 종합 정리해 보면, 경화성지와 그 주변 유적은 지금까지의 조사자료를 통해 볼 때, 부여의 출자인 '탁리국'의 중심지로 볼만한 명확한 근거는 나타나지 않고 있다. 간략하게나마 부여의 출자인 탁리국과 경화성지와의 관계에 대해 살펴보면, 이 설을 주장한 王绵厚는 경화성지를 탁리국의 중심지로 보는 가장 중요한 근거로 기표에 붉은색 슬립이 입혀진 토기인 홍의도(紅衣陶)를 제시하고 있는데,[249] 이러한 논리대로라면 홍의도가 가장 발전해 있는 눈강 하류지역이 탁리국의 중심지일 가능성이 더 높고, 더욱이 당시의 문화 전파경로가 눈강 하류지역에서 제일송화강을 따라 전파되고 있는 점까지 감안한다면, 경화성지가 탁리국의 중심지일 가능성은 더욱 희박해 진다.

현재까지의 연구결과를 놓고 볼 때, 눈강 하류지역 혹은 제일송화강 상류지역에 탁리국의 중심지가 있었을 가능성이 더 높은 것으로 추정된다. 경화성지가 위치한 빈현 일대는 한서이기문화권의 변두리로, 자체적인 세력집단을 형성하고 있었으며, 기원전 2세기 이후 부여가 성립된 뒤 부여의 세력범위에 포함되었던 것으로 추정된다.

경화성지의 성벽이 주거지를 파괴하고 축성되어 있다는 점에서 주거지에 비해 늦은 시기에 형성되었음을 알 수 있는데, 이를 통해 부여가 성립된 이후, 부여의 북동쪽에 해당하는 이 지역에 행정적·군사적 중심지로 이용하기 위해 경화성지를 축조한 것으로 추정할 수 있다. 기타 주변지역에 설치된 보루는 부락의 자체방어와 감시초소의 역할을 담당하기

---

249) 王绵厚, 1990, 「東北古代夫餘部的興衰及王城變遷」『遼海文物學刊』2.

위해 축조된 것으로 보여진다. 이 지역의 주 방어방향이 북쪽이었다는 점은 경화성지가 부여 북쪽의 행정적 중심성인 동시에 동북쪽에 위치해 있던 挹婁[250]의 남하를 막는 전초기지의 역할을 담당했던 것으로 파악된다.

5. 小結

이상으로 경화성지와 그 주변유적의 특징과 문화기원, 부여와의 관계에 대해 간략하게 살펴보았다. 제일송화강 중류지역 즉 행정구역상 흑룡강성 빈현과 파언현 일대의 초기철기문화는 경화성지로 대표될 수 있으며, 주변으로서 이와 유사한 성격의 노산두유적, 왕팔발자성지유적, 성자산보루, 성자구보루, 황대성자산보루 등이 확인되고 있다. 이들 유적은 대부분 성곽유적으로 경화성지의 경우 중형에 해당되며, 기타 성지는 모두 보루에 해당된다. 성의 평면은 모두 타원형이며, 토축과 토석혼축이 함께 이용되고 있다. 경화성지는 이 지역의 정치적·군사적 중진으로, 읍루의 남하를 막는 전초기지 역할을 담당했던 것으로 보여지며, 기타 보루들은 경화성지를 방어하는 목적과 제일송화강을 통제하는 목적으로 세워진 것으로 볼 수 있다.

경화성지와 그 주변유적에서 발견된 주거지와 출토유물은 대부분 부여 성립 이전 시기에 해당되는 것으로, 부여와는 직접적으로 관련이 없는 것으로 추정되며, 부여의 출자인 탁리국의 소재지와도 무관한 것으로 판단된다. 또한 이 지역이 부여의 세력범위 안에 포함된 이후에도 문화내용상에서는 별다른 변화없이 부여가 멸망하기 이전까지 이러한 유형

---

250) 『三國志』魏志 東夷傳, 挹婁條에는 "在夫餘東北千餘里"라 기록되어 있으나, 夫餘條에는 "東與挹婁"
라 기록되어 있다.

의 문화내용이 지속된 것으로 볼 수 있다. 즉 부여의 중심문화가 지방으로 전파되기 위해서는 일정 시간이 경과되어야 한다는 점, 대부분 선진적인 요소만이 수용된다는 점을 감안하면, 이 지역 출토유물에 나타나고 있는 토착적인 경향은 아주 정상적인 것으로 파악할 수 있다. 또한 이러한 문화양상은 당시 부여 중심지역의 문화와 지방의 문화 사이에 존재하는 문화적 차이를 보여주는 단적인 예라고 할 수 있으며, 이는 부여의 정치체가 연맹체적 국가단계였다는 점에서 더욱 쉽게 이해할 수 있다. 이 글은 자료의 부족과 필자의 한계로 인해 많은 부분에서 무리한 해석이 이루어지고 있는데, 이러한 문제점은 이후 고고학적 자료가 더 축적되고, 이 지역에 대한 연구가 더욱 활성화된 후에 풀어 나가도록 하겠다.

Ⅱ. 西岔溝 古墳群의 特徵과 使用集團 分析
-夫餘 初期文化와 관련하여-

서차구 고분군은 기원전 1세기 전후 동북지역을 대표하는 유적 중 하나로 발굴조사에서부터 현재까지 국내·외학계의 주목을 받아 오고 있다. 그러나 서차구 고분군의 발견은 중국의 해방 전후기 혼란스러웠던 역사만큼이나 수난과 역경의 과정을 거치고 있다.[251] 해방 이전 고분군이 발견되면서부터 무분별한 도굴이 이루어지기 시작하였고, 1956년에야 동북박물관 공작대에 의해 수습발굴이 이루어져 부족하나마 고분의 개략적인 성격을 파악할 수 있게 되었다. 1979년에는 길림성 東遼縣 石驛 北山과 彩嵐 北山에서 서차구 고분과 유사한 성격의 고분군이 발견되면서,[252] 이 유형의 유적들은 요녕성 북부와 길림성 서남부지역의 기원전 1세기 전후를 대표하는 유적으로 자리 잡게 되었다.

서차구유형 고분유적에 대한 연구는 1960년 발굴보고서 성격의 논문이 발표된 이후,[253] 학계에서 이 고분의 사용집단에 대한 다양한 견해가 제기되기 시작하였다.[254] 이후 문화대혁명을 거치면서 침체되어 있던 연구는 1979년에 길림성 석역에서 동일 성격의 유적이 발견되면서 다시 활

---

251) 이 고분군은 해방 이전 현지주민에 의해 처음 발견이 되었는데, 고분 내에 금은보화가 부장되었다는 사실이 알려지면서 점차 도굴이 시작되었다. 西豊縣人民委員會에서 遼寧省文化局에 고분에서 출토된 유물에 대한 감정을 요구하였고, 감정 결과 보존가치가 없는 것으로 확인되면서 西岔溝 古墳群에 대한 도굴은 무차별적으로 이루어지게 되었다. 이러한 사실이 알려지자 주변 마을 사람들까지 도굴에 참여하게 되어 그 인원이 수 백명에 달하였다고 하며 심지어는 밤에도 촛불을 키고 도굴을 하는 상황에 이르렀다고 한다. 이러한 현상은 1956년 東北博物館 工作隊가 유적에 도착하여 정리가 이루어지기 전까지 계속되었다. 당시에 도굴된 유물의 수량은 옥·석유리제품의 경우 몇 광주리에 달했으며, 철기와 청동제품은 몇 백근에 이르렀다고 한다.

孫守道, 1957,「西岔溝古墓群被掘事件的敎訓」『文物參考資料』, 년 제1기, 53~56페이지.

252) 劉升雁, 1983,「東遼縣石驛公社古代墓群出土文物」『博物館研究』3期.

253) 孫守道, 1960,「"匈奴西岔溝文化"古墓群的發現」『文物』8·9期.

254) 曾 庸, 1961,「遼寧西豊西岔溝古墓群爲烏桓文化遺迹論」,『考古』6期.

기를 찾기 시작하였고, 더불어 서차구유형 고분유적에서 출토된 유물을 분석한 연구논문[255]과 더불어 종전의 사용집단에 대한 재반론[256] 혹은 기존의 연구성과와는 차별되는 새로운 견해들이 제기되고 있다.[257] 그러나 지금까지 서차구유형 고분유적과 관련되어 발표된 연구논문은 모두 10여 편에 불과하다. 이는 지금까지 조사된 유적이 3곳에 불과하며, 이 중 발굴이 이루어진 곳은 서차구 고분군 1곳에 불과하기 때문이다. 이 역시도 정식발굴조사 보고서가 발간되지 않아 현재 상황에서 유적의 전체적인 문화내용과 그 사용집단을 파악해낸다는 것은 매우 어려우면서도 신중한 일이라 할 수 있다.

그럼에도 불구하고 필자가 이 글을 쓰고자 하는 것은 서차구 고분군의

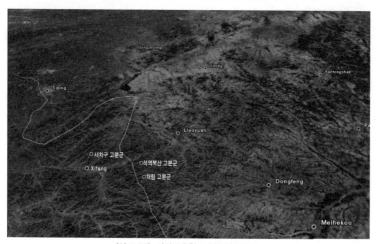

〈삽도 98〉 서차구유형 고분유적 분포도

255) 劉升雁, 1983,「東遼縣石驛公社古代墓群出土文物」『博物館研究』3期.
    劉升雁, 1985,「東遼縣石驛公社古墓群出土文物的研究」『博物館研究』1期.
    孫守道, 1995,「西岔溝古墓群西漢銅鏡斷代研究」『遼海文物學刊』1期.
256) 孫守道, 1993,「再論"匈奴岔溝文化"古墓群的文化內涵·族屬及國別問題」『內蒙古文物考古』1·2期.
257) 田 耘, 1984,「西岔溝古墓群族屬問題淺析」『黑龍江文物叢刊』1期.
    林 沄, 1993,「西岔溝型銅柄鐵劍與老河深·彩嵐墓地的族屬」『馬韓百濟文化』13, 圓光大學校馬韓百濟文化研究所.

사용집단을 통해 부여 초기의 문화양상을 파악해 보기 위함이다. 이를 위해 먼저 서차구유형 고분의 구조와 매장양상 그리고 출토유물의 특징을 살펴보고, 이를 토대로 문화기원과 사용집단 그리고 부여문화와의 비교를 통해 부여 초기의 문화양상이 어떠했는지를 살펴보도록 하겠다.

1. 主要 遺蹟

지금까지 발견된 '서차구유형' 고분유적으로는 서풍 서차구 고분군, 석역 채람 고분군, 석역 북산 고분군 등 3곳에 불과하다.

1) 西岔溝 古墳群

서차구 고분군은 遼寧省 西豊縣 樂善鄉 執中村 서북쪽 500m 거리의 나지막한 구릉상에 위치해 있다. 이 지역은 '人'자형의 구릉과 그 사이에 계곡이 형성되어 있어 서차구라 불리게 되었다. 정면은 남쪽을 향해 있으며, 앞쪽으로 하천이 흐르고 있고, 동남쪽에 마을이 형성되어 있다.

고분군 전체에 대략 450~500여 기의 무덤이 조영되어 있었던 것으로 파악되고 있다. 다만 1956년 동북박물관 공작대에 의해 발굴 정리가 이루어지기 전까지 대부분의 무덤들이 도굴을 당한 상태였으며, 발굴이 이루어진 무덤은 63기에 불과하다.

전체 고분군의 배치형태는 대략 호형을 이루고 있으며 가장 많은 무덤이 밀집되어 있는 중심지구와 양쪽 구릉의 동부지구, 서부지구로 나눌 수 있다. 고분의 방향은 일률적으로 서북에서 동남쪽을 향해 있으며, 매장자의 두향은 모두 서북쪽을 향해 있다. 무덤은 장방형의 토광묘로 모두 단인장으로 이루어져 있다. 토질이 산성인 관계로 인골은 거의 전부 부식되어 있고, 소량의 무덤에서 치아 만이 발견되고 있다. 인골 외에도 중심지구를 중심으로 다수의 무덤에서 소량의 말 이빨이 출토되고 있으며, 동부지구 구릉 꼭대기에서는 한 구덩이에 나란히 배열된 3구의 말머리가 발견되었다. 이밖에도 대다수의 무덤에서 소량이긴 하나 부식된 나무편이나 돗자리편이 발견되고 있다.

출토유물은 총 13,850여 점으로 그 기능에 따라 생활용품, 무기류, 생산공구류, 마구류, 장신구류 등으로 나눌 수 있다. 생활용품은 토기가 대부분을 차지하고 있으며, 소량의 가죽옷 조각과 삼베 조각 같은 의류, 일화원전(一化圓錢), 대반량(大半兩), 반양(半兩), 오수전(五銖錢) 등과 같은 화폐, 동경, 동호(銅壺), 철부(鐵釜) 등이 있다. 토기는 대략 300여 점이 출토되었으며, 주요 기종으로는 호·관·완·배 등이 있다. 무기류로는 검·도·창·화살촉·동부·철부 등의 공격형 무기와 방어형의 호심경(護心鏡) 등이 있다. 생산공구류로는 갈돌과 같은 소량의 석기와 소동도·소철도·철추·철곽·철부·철서 등이 있다. 마구류로는 함·표·동당노·동령·동포·잡구(籹具) 등을 들 수 있으며, 장신구류로는 각종 패

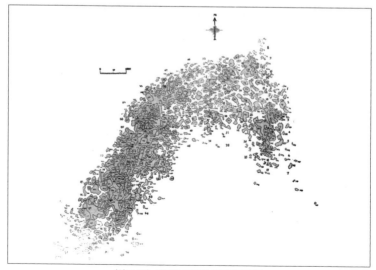

〈삽도 99〉 서차구 고분군 도굴갱 평면도

〈삽도 100〉 서차구 고분군 전경

〈삽도 101〉 서차구 고분군 도굴갱 모습

식 · 요대 · 대구 · 동환 · 방형과 원형동형 · 소동식 · 이식 · 동구 · 마노주 · 옥석 · 관형 유리구슬 등이 있다.

2) 石驛 彩嵐 · 北山 古墳群

석역 채람 고분군은 吉林省 東遼縣 石驛鎭 彩嵐村에 위치해 있으며, 北山 古墳群은 石驛鎭 長興村에 위치해 있다. 고분군은 이 두 촌의 남북 방향으로 뻗은 작은 구릉 사면부에 분포되어 있다. 이 두 고분군간의 거리는 5km 정도이다.

1979년 현지의 주민들에 의해 발견되었으며, 같은해 길림성 고고연구소와 길림성 박물관에 의해 두 차례에 걸쳐 수습조사가 이루어졌다. 조사결과 대부분의 무덤들은 이미 심하게 파괴되어 있었으며, 부장유물 역시 유실되어 남아 있지 않은 상태였다. 고분은 산 능선에서 산꼭대기까지 규칙적인 배열양상을 보이고 있다.

고분의 형태는 모두 장방형의 토광묘이며, 출토유물은 대략 180여 점에 이르고 있다. 토기는 대부분 잔편이며, 기형을 알 수 있는 것으로는 완과 두가 유일하다. 무기류로는 동검 · 철검 · 철환도검 · 철창 · 철촉 · 호심경 등이 있다. 마구류로는 환형식 · 동령 등이 있으며, 장신구류로는 동구 · 동물패식 · 원형식 · 유금동류 · 금은패식 · 마노주 · 옥석 등의 화폐가 출토되었다.

2. 무덤의 構造와 埋葬樣相

1) 입지 및 분포양상

서차구유형 고분유적에 나타나고 있는 입지와 분포상의 특징을 요약해 보면 다음과 같다. 첫째, 고분이 대부분 하안 주변 50m 내외의 구릉 정상부와 사면부에 입지해 있는 특징을 보이고 있다. 서차구 고분군은 大寇河의 지류인 岔溝河 주변의 나지막한 구릉 정상부와 사면에 입지해 있으며, 석역 일대의 고분군 역시 大梨樹河 주변의 낮은 구릉에 입지해 있다. 둘째, 고분군이 전체적으로 엄격한 순서에 의해 배열되어 있는 특징을 보이고 있다. 서차구 고분군의 경우 전체적으로 호형의 배치형태를 보이고 있으며, 가장 많은 무덤이 밀집되어 있는 중심지구와 양쪽 구릉의 동부지구, 서부지구 등 세 구역으로 나누어져 있다. 셋째, 고분의 방향이 모두 일정하게 한 방향을 향해 있다. 서차구 고분군의 경우 고분이 일률적으로 서북에서 동남쪽을 향해 있다. 넷째, 공동매장 현상이 두드러지게 나타나고 있다는 점을 들 수 있다. 서차구 고분군의 경우 450~500여 기의 고분이 집중적으로 분포되어 있으며, 채람과 북산 역시 전체면적에 대한 발굴조사는 이루어지지 않았지만 수습조사 결과 100여 기 이상이 분포되어 있는 것으로 파악되고 있다.

2) 구조와 매장양상

이 유형 고분의 형식은 모두 장방형의 토광묘이다. 묘광의 규모는 일반적으로 길이가 1.7m, 너비 0.8m, 깊이는 30~60cm 내외이다. 토광묘 내부에서 직접적으로 관곽이 발견된 예는 없으나, 일부 무덤에서 목질흔이 발견되고 있어 목관 혹은 목곽이 사용되었을 가능성이 있다. 이밖에도 소량의 무덤에서 석편이 발견되고 있는 점으로 미루어 보아 관곽 대용으로 석편을 사용했던 것으로 추정된다.

서차구유형 고분의 매장양상에서 보이는 특징을 정리해 보면, 첫째, 모두 단인장이라는 점을 들 수 있다. 둘째, 매장자의 두향이 일정하다는 점을 들 수 있다. 예를 들면 서차구 고분군의 경우 매장자의 두향이 모두

서북쪽을 향해 있다. 셋째, 말 이빨이나 말머리를 함께 매장하는 순마풍
습이 보이고 있다. 넷째, 부장품의 배열에 일정한 규칙이 나타나고 있다.
매장자의 머리 부분에 토기와 마구가 놓여 있으며, 토기는 가로방향으로
배치되어 있다. 각종 장신구는 머리·목·흉부·복부·허리·다리 등
신체의 각 부위에 용도에 맞게 안치되어 있다. 상반신과 하반신 주변에
는 화살촉이 대량으로 놓여 있으며, 허리부분에는 환형소철도와 출추,
한 세트로 이루어진 동령과 방추차가 배치되어 있다. 이밖에도 매장자의
좌측에 창·검·도 등의 무기류가 놓여 있다.

장식의 경우 토질이 산성인 관계로 인골이 대부분 부식되어 자세히 알
수 없고, 다만 소량의 무덤에서 치아가 발견되고 있다.

〈표 14〉 서차구유형 고분유적의 특징

유적명	形式	葬法	葬式	埋葬人數	葬具	葬俗	비고
西岔溝	土壙墓	一次葬	불분명함	單人葬	木質葬具片 席片	殉馬風俗 頭向一定	
石驛	土壙墓	一次葬	불분명함	單人葬	木質葬具片		

3. 出土遺物의 特徵

서차구유형 고분유적에서 출토된 유물의 수량은 서차구 고분군
13,850여 점, 석역 고분군 200여 점에 이르고 있다.

<표 15> 서차구유형 고분유적 출토유물

재질	西岔溝	石驛	비고
토기	壺, 罐, 杯, 豆, 碗, 鬲	碗, 豆	
청동기	小銅壺, 銅鏡, 一化圓錢, 大半兩, 半兩, 五銖錢 銅矛, 銅鏃, 鳴鏑, 護心鏡, 小銅刀, 小銅斧 銅当盧, 銅節約, 銅泡, 卡具, 銅泡, 腰帶, 鉸具, 卡具, 帶鉤, 銅環, 銅鈴, 銅扣, 動物牌飾	銅鏡, 半兩, 五銖錢, 護心鏡 環形飾, 銅鈴, 帶鉤 銅扣, 動物牌飾	
철기	鐵釜, 環頭小鐵刀, 鐵錐 鐵劍, 鐵刀, 鐵矛, 鐵鏃 鐵钁, 鐵斧, 鐵斗斧, 鐵銙, 鐵鋤	鐵劍, 環頭劍, 鐵矛, 鐵鏃	
금은기	金銀耳飾	鎏金銅梳, 鎏金銅扣, 鎏金獸紋 銅牌飾, 鎏金銅牌, 金銀耳飾	
옥석류	石鏃, 石盤, 研磨器, 砥石, 瑪瑙珠, 碧色玉石, 綠色石, 白色石, 琉璃管狀珠, 玉管飾,	瑪瑙珠, 玉石	
기타	皮衣片, 布片		

1) 토기

서차구 고분군에서 출토된 토기는 대략 300여 점에 이르는 것으로 파악되고 있다. 다만 발굴보고서 중에 토기에 대한 상세한 기록이 없는 관계로 그 속성을 파악해 내는데 큰 어려움이 있다. 석역 일대 고분군의 경우도 수습된 34점의 토기 중 복원이 가능한 것은 완 1점에 불과하다.

서차구 고분군에서 출토된 토기의 특징을 살펴보면, 먼저 태토는 모두 협조사계통에, 색은 기본적으로 홍갈색과 회흑색 두 종류로 이루어져 있다. 그러나 소량이기는 하나 정교하게 제작된 협사계통의 홍갈색 토기도 보이고 있다. 제작방법은 모두 손으로 빚는 방법이 사용되고 있다. 문양은 무문이 대다수를 차지하고 있으며, 일부 소량의 토기에서 문양이 확인되고 있다. 문양 중 우점문·각착문(刻鑿紋)·권점문 등은 토기의 구연부와 경부에 주로 장식되어 있으며, 칙점문·설형문(楔形紋)·지갑문(指甲紋)·그물문·원점문 등은 견부 혹은 동체부에 연속성 삼각문 형식으로 장식되어 있다. 주요 기종으로는 호·관·배·완이 주를 이루고 있으며, 이밖에도 소량의 비점문이 장식된 붉은색의 마연장경호·두·격 등이 출토되고 있다.

 석역 일대 고분군에서 출토된 토기는 협조사계통에 홍갈색의 무문토기가 주를 이루고 있으며, 소량이기는 하나 삼각문이 장식된 토기와 회색 승문의 漢式계통 토기도 함께 출토되고 있다.

삽도 102〉 서차구 고분군 출토 두(요하문명전 도록 인용)

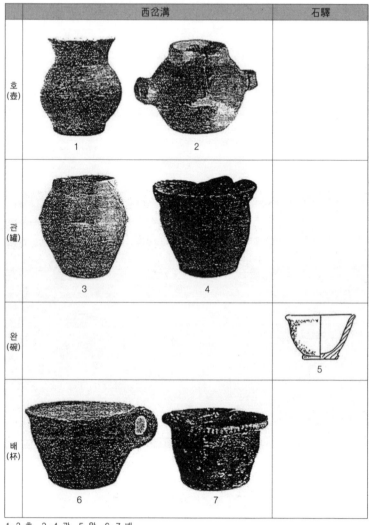

	西岔溝		石驛
호 (壺)	1	2	
관 (罐)	3	4	
완 (碗)			5
배 (杯)	6	7	

1·2. 호 3·4. 관 5. 완 6·7. 배

〈삽도 103〉 서차구유형 고분유적 출토 토기

2) 청동기

서차구식 고분유적에서 대량의 청동기가 출토되었다고 전해지고 있으나, 고분군이 대부분 도굴된 관계로 정확한 수량은 파악할 수 없다. 도굴된 청동기는 대부분 고물수집상과 폐동수집소에 넘겨졌는데, 이들이 동제품만 수집한 관계로 일부에서는 철검의 손잡이에 달려있던 동제 손잡이만 떼어내 팔아넘긴 경우도 확인되고 있다.[258]

서차구형유적에서 수습된 청동기는 그 용도에 따라 생활용품·무기류·마구·장신구 등으로 나눌 수 있다. 생활용품은 동경·동전·소동호·동복 등이 있다. 동경은 서차구에서 77점이 출토되었는데, 그 사용용도에 따라 장식용과 호신용으로 나눌 수 있다. 장식용 동경은 문양의 종류에 따라 변형반리문경(變形蟠螭紋鏡)계통·초엽문(草葉紋)계통·성운경(星雲鏡)계통·일광경(日光鏡)계통·사금사리문경(四禽四螭紋鏡)계통 등 다섯 종류로 나눌 수 있다. 이러한 동경들은 모두 사용흔이 관찰되고 있어 묘주가 생전에 사용하던 것임을 알 수 있다. 호신용 동경은 대부분 무문에 정면의 중간부분이 약간 돌기되어 있으며, 양쪽면 테두리에 돌기된 현문(弦紋)이 장식되어 있거나 혹은 바깥쪽 테두리가 돌기되어 있는 형태를 하고 있다. 배면에는 두 개의 꼭지가 달려 있다. 석역에서는 호심경 표면을 도금한 것도 발견되고 있다. 동전은 일화원전·대반량전·반량전·오수전 등이 출토되며, 이 중 오수전이 가장 많은 수를 차지하고 있다. 이밖에도 서차구에서 소동호와 동복이 각각 1점씩이 출토되었다.

무기류로는 검·창·화살촉·명적 등이 있다. 동검은 석역에서 단 1점이 수습되었다. 동검은 손잡이와 검신 일부만 남아 있는 형태로 척과

---

258) 孫守道, 1957, 「西岔溝古墓群被掘事件的教訓」 『文物參考資料』 1, 54쪽.

혈조가 남아 있다. 창은 서차구에서 3점이 출토되었는데, 창끝이 비교적 넓은 형태이다. 동제 화살촉 역시 서차구에서만 출토되었는데, 그 수량이 철제 화살촉에 비해 많다. 형태는 대부분 정(鋌)이 없는 삼익식이 주를 이루고 있다. 명적은 그 형태가 구형으로 중간이 비어있어 화살을 쏘면 바람으로 인해 소리가 나도록 만들어져 있다. 마구는 당노·절약·동령 등이 있다. 동제 당노는 함과 표를 제외하고 가장 많이 출토되고 있다. 절약은 그 형태는 시자형과 장통형 두 종류가 있다. 청동방울은 편평한 나팔형태로 방울 꼭대기에 한 개의 꼭지가 달려 있고, 바닥 테두리에 두 줄의 돌기문이 장식되어 있다.

장신구는 동포·요대·교구·잡구·대구·동환·동령·동구·동물문패식·동전형패식 등이 출토되었다. 이 중 가장 특징적인 것은 동물문패식을 들 수 있는데, 그 종류로는 대표적으로 중앙에 출자형(出字刑)의 기하학적 문양과 그 끝에 괴수의 머리 모양이 장식된 장방형 패식(怪首幾何紋牌飾), 괴수형태의 머리를 가진 두 사람이 검을 차고 어깨에 매를 올려놓고 말을 타고 가는 모양이 새겨진 타원형패식(雙人騎獸佩劍臂鷹紋牌飾), 낙타 두 마리가 장식된 장방형패식(雙駝紋牌飾), 야생마가 장식된 패식(野馬紋牌飾), 개와 말이 함께 장식된 패식(犬馬紋牌飾), 매와 호랑이가 싸우는 모양이 장식된 패식(鷹虎搏鬪紋牌飾), 구름과 각각 두 마리의 매와 사슴이 새겨진 하트형의 패식(心形雙鷹雙鹿雲紋牌飾), 말이 새겨진 패식(馬形牌飾), 양의 머리가 새겨진 패식(羊首紋牌飾) 등이 있다. 이러한 동물패식은 북방초원문화를 대표하는 유물로 서차구유형 고분유적의 성격을 파악하는데 있어 매우 중요한 자료를 제공해 주고 있다. 이밖에도 허리띠 잔편에 圓形·魚形·兎形·螺形의 장신구 들이 달려 있는 것이 확인되었다. '除凶去央辟兵莫當'이란 명문이 새겨져 있는 동전형태의 패식은 의복에 달고 다니던 장식품으로 추정하고 있다. 이밖에도 동제 생산공구로 동부 1점이 서차구에서 출토되었다.

1. 동경

2. 기마전사집검착부로문 및 견마문 패식   3. 야생마문 및 과수기하문 패식

〈삽도 104〉 서차구 고분군 출토 동경 및 동물문 패식(요하문명전 도록 인용)

	西岔溝	石驛
일광경		
성운경		
현뉴사괴경		
정백경		

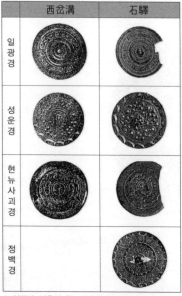

1. 일광경, 성운경, 현뉴사괴경, 정백경

	西岔溝	石驛
변형반리문경		
초엽문경		
호심경		

2. 변형반리문경, 초엽문경, 호심경

	西岔溝	石驛
동검		
동모		
동화살촉		

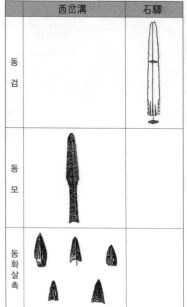

3. 동검, 동모, 동화살촉

	西岔溝
동패식	

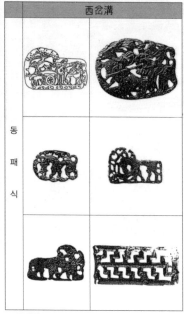

4. 동패식

		西岔溝	石驛
동전	오수전		
	반양전		
동대잡			
동구			
동환식			

5. 동전, 동대잡, 동구, 환식

	西岔溝	石驛
동류		
동당노		
동령		
동부		

6. 동류, 동당노, 동령, 동부

〈삽도 105〉 서차구유형 고분유적 출토 청동기

3) 철기

　서차구유형 고분유적에서 출토된 철기는 무기류와 생산공구가 주를 이루고 있으며, 소량의 마구와 생활용품도 확인되고 있다.

　무기로는 검·도·창·화살촉 등이 있다. 검은 서차구 고분군에서 71점, 석역에서 2점 등 모두 73점이 출토되었다. 검은 손잡이의 재질과 형태에 따라 동병철검(銅柄鐵劍), 목병철검(木柄鐵劍), 환두철검(環頭鐵劍) 등으로 나뉜다. 동병철검은 손잡이의 형태에 따라 다시 촉각식과 원주식 두 종류로 나눌 수 있다. 이 두 종류 모두 동일한 검신을 사용하고 있는데, 중간에 脊이 올라와 있고, 양쪽에 오목한 혈조(血槽)가 나 있다. 검격은 나팔형으로 이루어져 있다. 촉각식 검병은 손잡이 끝부분이 좌우로 나뉘어 둥굴게 말려 있어 '觸角式 劍' 혹은 '鳥形 안테나식 검'으로 불리우고 있다. 일부에는 손잡이 끝 부분에 대칭의 사선문이 장식되어 있다. 원주식 동병검은 손잡이가 둥근 기둥형태로, 기둥에 7~8개의 주판알 모양의 동환을 매달아 흔들면 소리가 나도록 만들어져 있다.

　목병검은 서차구에서만 출토되고 있다. 검의 鋒·鍔·脊·莖 부분은 비교적 잘 남아 있으나, 손잡이 부분은 모두 부식되어 잘 남아 있지 않다. 다만 일부 검에 동 혹은 철로 제작된 鐔이나 玉琫이 남아 있다. 목병검은 그 길이가 다른 검에 비해 긴데, 가장 긴 것은 1m를 넘고 있다. 환수검은 서차구와 석역에서 모두 발견되고 있다. 환수검의 검신은 유엽형으로 경은 편평하다. 대략적인 길이는 30cm 내외이다.

　철도는 서차구에서 출토되었는데, 도의 격(格)은 비교적 잘 남아 있다. 전체길이는 50~80cm 내외이다. 철모는 서차구에서 45점, 석역에서 1점이 출토되었다. 서차구에서 출토된 것은 부식이 심하게 이루어져 자세한 형태를 알 수 없으며, 석역에서 출토된 것은 하단 측면에 구멍이 뚫려 있고, 矛頭는 편평하고 짧은편이며, 矛葉은 원시적인 형태를 유지하고 있

다. 길이는 대략 30~40cm 내외이다. 철촉은 서차구에서 다량으로 출토
되었고, 석역에서는 1점만 출토되었다. 서차구에서 출토된 것은 그 형태
에 따라 翼式·棱式·扁平式·矛式 등 대략 50여 종이 있다. 화살대는 대
나무를 이용해 만들고 있다. 석역에서 출토된 화살촉은 중간이 비어 있
으며, 三翼으로 이루어져 있다. 화살촉의 길이는 대략 3~5cm 내외이다.

　생산공구로는 괭이·자귀·끌·호미·도끼 등이 있으며, 마구로는 표
와 함이 있다. 표는 서차구에서 60여 점이 출토되었다. 모두 鍛造로 만들어
져 있으며, 二段杆眼式과 三段杆眼式 두 종류가 있다. 길이는 대략
17~18cm 내외이며, 너비는 0.8~1.8cm 내외이다. 함은 서차구에서 대량으
로 출토되었으나, 그 정확한 형태와 수량을 파악하기에는 어려움이 있다.

1. 촉각식 동병철검 2. 원주식 동병철검

〈삽도 106〉 서차구 고분군 출토 동병철검(요하문명전 도록 인용)

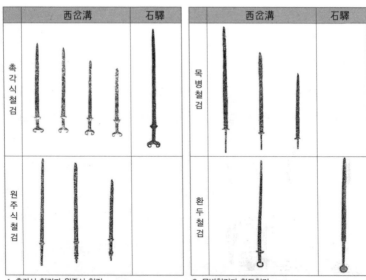

	西岔溝	石驛
촉각식철검		
원주식철검		

1. 촉각식 철검과 원주식 철검

	西岔溝	石驛
목병철검		
환두철검		

2. 목병철검과 환두철검

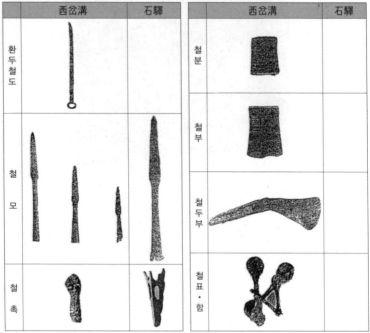

	西岔溝	石驛
환두철도		
철모		
철촉		

3. 환두철도, 철모, 철촉

	西岔溝	石驛
철분		
철부		
철두부		
철표·함		

4. 철분, 철부, 철두부, 철표 및 함

〈삽도 107〉 서차구유형 고분유적 출토 철기

4) 금은기

금은기 중 가장 대표적인 것은 귀걸이다. 금제 귀걸이는 2環, 4環, 6環 등으로 이루어져 있으며, 환 사이에 옥석 혹은 마노관이 장식되어 있다. 은제 귀걸이는 4환과 6환 두 종류가 있다. 이밖에도 의복용의 가죽편과 베옷편이 있다.

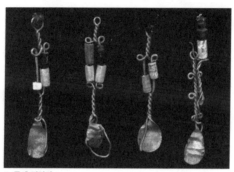

1. 금제 귀걸이

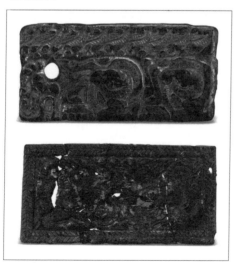

2. 금동패식

〈삽도 108〉 서차구 고분군 출토 금제 귀걸이 및 동물문 금동패식(『遼河文明展』 도록 인용)

	西岔溝	石驛
동전형패식		
마형대구		
금이식		
은이식		

	西岔溝	石驛
도금패식		
도금단추		
도금포식		
도금패식		

1. 동전형패식, 마형대구, 금은이식   2. 도금패식, 도금단추, 도금포식

〈삽도 109〉 서차구유형 고분유적 출토 금은기

4. 使用集團 分析 및 夫餘 初期文化와의 關係

1) 문화기원

서차구유형 고분유적의 문화내용 속에 나타나고 있는 속성을 분석해 보면 이 유적의 문화기원을 파악할 수 있다. 기존에 이 지역의 초기철기 시대 고고학 문화는 대개석묘를 대표로 하는 보산문화였다.[259] 그러나 서

---

259) 李鍾洙, 2005,「松花江流域初期鐵器文化研究Ⅱ -西荒山屯 古墳群을 중심으로-」『先史와 古代』22 집, 韓國古代學會.

차구유형 고분유적 단계에 들어서는 이 지역에 토광묘가 사용되고 있다. 이는 토광묘가 외부에서 유입된 문화요소임을 설명해 주는 것으로 이러한 이질적인 문화요소들이 어느 지역에서 유입되고 있는지를 살펴보는 것이 서차구 고분유적의 사용집단을 파악하는데 있어 중요한 근거를 제공해 줄 수 있다.

토광묘가 어떤 지역에서 유입되었는지를 살펴보기 위해서는 당시 주변지역에서 토광묘를 사용하던 세력의 문화내용과 비교할 필요성이 요구된다. 서차구유형 고분유적의 사용연대를 대략 기원전 2세기경부터 파악하고 있는데, 그 이전 시기 주변지역에서 토광묘가 사용되고 있는 고고학문화는 송눈평원지역의 한서이기문화와 平壤-大道三家子 고분유적을 들 수 있다. 요동지역의 경우 요양을 중심으로 한 漢式文化를 들 수 있다. 이 두 지역 토광묘와 서차구유형 토광묘의 특징을 비교해 보면 다음과 같다.

〈표 16〉 서차구유형 고분유적과 송눈평원지역 및 요동지역 토광묘 특징 비교

구분	西岔溝類型 古墳遺蹟	嫩江下流地域 (漢書二期文化)	遼東地域 漢式文化 (漢武帝以前)
形式	土壙墓	土壙墓	土壙墓
葬具	無葬具(多) 木質葬具 혹은 席片(少)	無葬具(절대다수) 자작나무 껍질(극소수)	木槨 혹은 木棺
埋葬人數	單人葬	多人葬(多), 單人葬(少)	單人葬
葬式	一次葬	二次葬(多), 一次葬(少)	一次葬
葬法	仰身直肢	仰身直肢	仰身直肢
葬禮風俗	말 순장풍속 두향일치(西北), 부장품 배치규칙적임	동물 순장풍속 두향일치(西北), 부장품 배치규칙적임	

먼저 서차구식 고분유적에 나타나고 있는 입지상의 특징을 살펴보면, 전체적으로 고분군에 엄격한 배열순서가 나타나고 있는 점, 고분이 일정한 방향(서북향)을 향하고 있는 점, 공동매장현상이 두드러지게 나타나

고 있는 점 등을 들 수 있다. 이러한 특징은 송눈평원지역 초기철기시대 유적 중에 하나인 평양 고분군에서 가장 잘 나타나고 있는데, 이 고분군 역시 고분의 배열이 규칙적이고, 방향이 모두 서북향이라는 점, 고분이 밀집 분포되어 있는 점 등에서 서차구유형 고분유적의 입지적 특징과 동일한 양상을 보이고 있다. 요동지역 토광묘의 경우 요양지역에 밀집 분포되어 있으며, 그 수량이 대단히 많은 것으로 전해지고 있으나, 조사가 이루어져 발표된 자료들이 대부분 개략보고서에 불과하여, 이 지역 한식 토광묘의 입지와 분포특징을 파악해 내는데 어려움이 있다.

서차구유형 토광묘의 구조·형식적 특징은 〈표 16〉을 통해 알 수 있듯이 송눈평원지역 토광묘와 비교해 볼 때, 다인장과 이차장이 보이는 것을 제외하고 서차구식유적의 토광묘와 거의 일치하고 있는 것을 알 수 있다. 요동지역 漢式 토광묘 역시 목곽과 목관이 사용되는 점을 제외하고 형식면에서는 일치하고 있다.

이상의 내용을 통해 단순히 묘제의 동일성을 놓고 보았을 경우는 그 기원을 송눈평원지역의 초기철기문화로 보는 것이 더 타당할 것 같다.

다음으로 서차구식 토광묘에 부장된 유물의 속성을 분석해 보도록 하겠다. 먼저 토기의 경우 그 지역문화의 속성을 가장 잘 나타내 주는 자료라는 점에서 토기의 분석은 매우 중요하다. 다만 서차구식 고분유적의 경우 출토된 토기에 대한 상세한 자료가 발표되지 않아 그 정확한 속성을 파악하는데 어려움이 있다. 대략적이나마 발표된 자료를 근거로 서차구식 고분유적에서 출토된 토기의 특징을 정리해 보면, 크게 태토와 문양, 제작방법에 따라 3종류로 나눌 수 있다.

첫 번째는 협조사계통의 황갈색 무문토기로 수량면에서 절대다수를 차지하고 있다. 대부분 기고가 10cm 내외로 명기에 속한다. 이 종류의 토기 중 복부가 둥글고, 경부가 짧으며, 구연이 넓게 벌어진 형태의 호의 경우 후석 고분[260]에서 출토된 예가 있으며, 두 역시 동가유적[261]과 황어권주산유적[262]에서 발견된 예가 있다. 명기 부장풍속은 기원전 4~3세기 이 일대 대개석묘 유적의 특징 중 하나이며, 돌기모양의 손잡이 역시 이 지역 토기의 특징적인 형식이라 할 수 있다.[263] 이상의 내용을 통해 볼 때, 이 계통의 토기는 이 지역의 전통적인 토착문화 요소가 내재되어 있음을 알 수 있다.

두 번째는 태토에 가는 모래가 섞이고, 표면이 마연되어 있으며, 다양한 종류의 문양이 새겨진 토기계통을 들 수 있다. 이 계통의 토기는 그수량이 많지 않으나 기형은 매우 다양하게 나타나고 있다. 예를 들면 비문이 장식된 붉은색의 마연장경호의 경우 평양 고분군의 대표적인 토기형식으로 볼 수 있으며, 세로방향의 손잡이가 달려 있는 배 혹은 구연부에 각목문이 새겨진 배의 경우 한서유적 이기문화층에서 출토[264]된 바 있다. 붉은색으로 마연된 격 역시 평양 고분군과 한서이기문화유적에서 자주 출토되는 기종이다. 이를 통해 볼 때, 이 계통의 토기는 송눈평원지역 초기철기문화에서 기원한 것으로 볼 수 있다.

세 번째는 태토가 고운 진흙질이며, 물레로 성형하였고, 표면에 현문혹은 승문이 새겨진 회색토기계통을 들 수 있다. 호와 관 위주이며, 수량은 많지 않다. 이 계통의 토기는 遼陽 三道壕 西漢村落유적 혹은 鵝房 고분유적에서 출토된 예가 있다.[265] 이를 통해 볼 때, 이 계통의 토기는 漢式文化 요소로 볼 수 있다.

이상의 내용을 통해 볼 때, 서차구식 고분유적에서 출토된 토기는 3종류의 서로 다른 계통적 기원을 가지고 있음을 알 수 있다. 다만 출토된

260) 武保中, 1989, 「吉林公主嶺猴石古墓」 『北方文物』 4.
261) 吉林省文物考古研究所, 1996, 「吉林省九台董家遺址發掘簡報」 『博物館研究』 3.
262) 吉林省文物工作隊, 1985, 「吉林舒蘭黃魚圈珠山遺址淸理簡報」 『考古』 4.
263) 李鍾洙, 2004, 『夫餘文化硏究』, 吉林大博士學位論文.
264) 吉林大學歷史系考古專業等, 1982, 「大安漢書遺址發掘的主要收穫」 『東北考古与歷史』 1.
　　　王洪峰, 2003, 「大安縣漢書遺址」 『中國考古學年鑒2002』, 文物出版社.
265) 鄭君雷, 1997, 『中國東北地區漢墓研究』, 吉林大學博士學位論文.

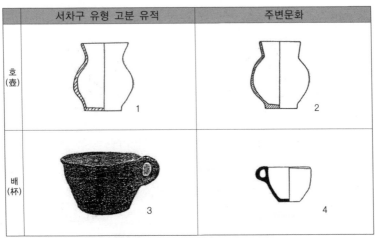

	서차구 유형 고분 유적	주변문화
호 (壺)	1	2
배 (杯)	3	4

1. 서차구 고분군 2. 후석 고분 3.서차구 고분군 4.한서이기문화

〈삽도 110〉 서차구유형 고분유적과 그 주변문화 출토 토기 비교

수량과 비중면에서 토착문화 요소를 간직한 굵은 모래가 섞인 무문토기
계통이 주류를 형성하고 있다.

청동기 중 특징적인 유물로는 세형동검과 동물문양패식, 동경 등을
들 수 있다. 세형동검은 석역 북산에서 검신 일부 만이 남아 있는 잔편 1
점이 수습되었다. 이 유형의 동검은 서황산둔 고분군[266]을 비롯하여 길림
성 중부지역에서 주로 출토되고 있어, 이 지역의 토착적인 문화요소로
볼 수 있다. 동물문양패식과 동복은 북방초원문화의 전형적인 표지적 유
물로 흉노와 선비계통의 무덤에서 주로 출토되고 있다.[267] 이 종류의 문
화요소는 송눈평원지역을 거쳐 서차구식 고분유적에 전파된 것으로 추
정할 수 있다. 이밖에도 5종의 동경과 한자가 새겨져 있는 동모, 일화원
전, 대반량전, 반량전, 오수전 등의 동전은 모두 한식문화 계통의 유물이
라 할 수 있다. 특히 동경과 동전은 이 고분유적의 연대편년을 제시해 주

266) 吉林省文物工作隊等, 1982,「吉林樺甸西荒山屯靑銅短劍墓」『東北考古與歷史』1.

267) 潘 玲, 2003,『伊沃爾加城址和墓地及相關匈奴考古問題硏究』吉林大學博士學位論文.

는 가장 중요한 근거가 되고 있다.

철기는 촉각식 동병철검과 원주식 동병철검이 가장 특징적이라 할 수 있다. 이 종류의 검들은 주로 길림성 중부 일대에서만 발견되고 있어, 일찍이 부여의 표지적 유물로 주목받기 시작하면서,[268] 이미 국내·외 학자들에 의해 많은 연구가 이루어졌다.[269] 이 검은 기원전 4~3세기대 길림성 중남부지역의 토착집단이 요동지역으로부터 전입된 세형동검을 주체요소로 하여 여기에 북방초원문화계통의 문화요소인 촉각식 손잡이를 결합하여 제작한 것으로 파악하고 있다.[270] 이 외의 철제품은 대부분 한식문화 계통으로 볼 수 있다.

금은기는 2환·4환·6환으로 구성된 이식이 가장 특징적인데, 이러한 종류의 귀걸이는 평양 고분군에서 발견된 예[271]가 있어, 송눈평원지역의 문화요소로 볼 수 있다.

서차구유형 고분유적에 나타나고 있는 이처럼 다양한 문화요소를 통해, 당시 동북지역에 지역간 활발한 문화교류가 이루어지고 있음을 알수 있다. 특히 서차구식 고분유적이 분포하고 있는 동요하 상류 일대의경우 서쪽은 송눈평원과 남쪽은 요하평원과 이어져 있어 자연지리적으로도 문화접경지대를 형성하고 있다. 이로 인해 다른 지역에 비해 주변

268) 嚴長錄, 1994,「夫餘의 遺迹과 遺物」『民族文化의 諸問題』, 세종문화사.
269) 지금까지 이루어진 觸角式銅柄劍에 대한 연구 성과는 다음과 같다.
　　　김원룡, 1970,「조형 안테나식 세형동검의 문제」『白山學報』 제8집, 백산학회.
　　　張錫瑛, 1984,「試論我國北方和東北地區的"觸角式"劍」『考古』 8期.
　　　董學增, 1987,「關于我國東北係"觸角式"劍的討論」『中國考古學會第六次年會論文集』.
　　　林　沄, 1993,「西岔溝型銅柄鐵劍與老河深·彩嵐墓地的族屬」『馬韓百濟文化』 제13집, 圓光大學校　　　　馬韓百濟文化研究所.
　　　朱永剛, 2002,「吉林省及相隣地區出土銅劍的聚類分析-兼論東北係銅劍的區系與流變」『邊疆考古研　　　　究』第一輯, 科學出版社.
　　　宮本一夫, 2002,「東北亞地區觸角式銅劍的變遷」『邊疆考古研究』第一輯, 科學出版社.
270) 吳江原, 2000,「中滿地域의 初期鐵期文化=泡子沿式文化의 成立과 展開樣相」『轉換期의 考古學Ⅲ』, 　　　제33회韓國上古史學會학술발표대회문집.
271) 黑龍江省文物考古研究所, 1990,『平洋墓葬』, 文物出版社, 95쪽.

지역의 문화가 쉽게 유입된 것으로 파악할 수 있다.

2) 使用集團과 夫餘文化와의 關係

앞에서 서차구유형 고분유적에는 세 계통의 문화요소가 내재되어 있음을 확인할 수 있었다. 이러한 문화내용은 이 지역의 선문화인 보산문화와는 확연한 차이를 보이고 있다. 이는 기원전 2세기경에 들어서 이 지역에 커다란 문화적 변화요인이 발생하고 있음을 설명해 주고 있다. 그렇다면 이러한 문화적 변화를 주도한 세력은 누구일까? 이에 대해서는 두 가지 추론이 가능하다. 하나는 주변지역에서 유이민 집단이 이동하여 토착세력을 밀어내고 새로운 유형의 고고학문화를 조성하였을 가능성, 다른 하나는 기존에 이 지역에 살고 있던 토착민들이 주변의 외래 문화요소를 흡수하여 새로운 고고학 문화를 창조하였을 가능성이다.

이왕의 서차구식 고분유적의 사용집단에 대한 연구는 첫 번째 가능성에 초점이 맞추어져 있었다. 이로 인해 '匈奴說'[272] · '烏丸說'[273] · '鮮卑說'[274] · '夫餘說'[275] 등 다양한 견해들이 제기되었다. 초기에는 북방초원계통 문화요소만을 중점적으로 강조하다 보니, 이 유적의 사용집단을 匈奴 · 烏丸 · 鮮卑 등 북방초원계통의 종족으로 보는 견해가 우세하였다. 그러나 최근 들어 서차구식 고분유적의 성격과 출토유물에 대한 심도있는 연구가 진행되면서, 북방초원계통의 종족보다는 길림시 일대를 중심으로 한 부여에 의해 사용된 것으로 파악하는 견해가 주류를 이루고 있으며, 일부에서는 구체적으로 포자연문화의 문화 정착시기를 대표하는

---

272) 孫守道, 1960, 앞의 글.
273) 曾 庸, 1961, 앞의 글.
274) 靳維柏, 1988, 「關于鮮卑早期文化의再認識」『北方文物』3期.
275) 田 耘, 1984, 앞의 글.

유적으로 규정하고 있다.[276)]

그럼 과연 서차구유형 고분유적이 부여인들에 의해 조영된 고분군인
지 파악하기 위해서는 부여의 중심지인 길림시 일대 부여무덤과의 비교
가 요구된다. 두 지역의 무덤의 특징을 비교해 보면 다음 표와 같다.

〈표 17〉 서차구유형 고분유적과 포자연문화 토광묘 특징 비교

구분	西岔溝類型 古墳遺蹟	吉林市一帶 夫餘 古墳遺蹟
형식	土壙墓	土壙墓
장구	無葬具(多), 木質葬具 혹은 席片(少)	無葬具 혹은 木槨(棺)
장식	一次葬	一次葬
장법	仰身直肢	仰身直肢
매장인수	單人葬	單人葬, 男女合葬, 一男二女合葬
장례풍속	馬殉葬風俗, 頭向일치(西北), 부장품 배치가 규칙적임.	馬殉葬風俗, 頭向 일정하지 않음, 環首刀 혹은 馬 環首錐를 구부려서 넣음, 부장품 배치가 규칙적임

포자연문화의 토광묘와 서차구유형 토광묘는 〈표 17〉을 통해 알 수
있듯이 매장인수와 두향에서 차이를 보일 뿐, 대부분 일치하고 있는 것
을 알 수 있다. 〈표 17〉의 자료만 놓고 본다면 서차구식 토광묘 사용집단
을 부여인으로 보아도 큰 무리가 없는 듯하다. 그러나 부장유물의 특징
을 분석해 보면 이와는 다른 양상이 나타나고 있음을 확인할 수 있다. 먼
저 토기의 경우 외래문화 요소인 한식 토기를 제외하고, 토착적인 문화
요소를 가진 토기는 기형면에서 두 문화간에 상호 동질성이 확인되지 않
고 있으며, 부장된 토기 역시 서차구유형 고분유적에서는 명기를 포자연
문화에서는 실용기를 매납하고 있다는 점에서 차이를 보이고 있다. 이로
인해 일부에서는 두 문화를 각각의 독립적인 고고학문화로 보는 견해가
제기되고 있고[277)] 반면 이는 동일형식의 시간적인 선후에 의한 차이일 뿐

---

276) 吳江原, 2000, 앞의 글, 56쪽.

이지 본질적인 문화 차이에 의한 것은 아니라는 주장도 제기되고 있다.[278]

　이밖에도 두 지역으로 송눈평원지역의 초기철기 문화요소가 전파되는 과정에서도 일부 차이점이 나타나고 있다. 서차구유형 고분유적이 위치한 동요하 상류지역의 경우 기원전 4~3세기대에는 대개석묘가 유지되면서, 부장유물에서는 송눈평원 일대의 문화요소가 나타나고 있다. 예를 들면 후석 고분의 경우 묘제는 대개석묘이나, 송눈평원지역의 평양 고분군 혹은 흥륭산 고분[279]에서 보이는 압형호가 출토되고 있다. 이는 이 지역에 송눈평원지역에서 유물이 먼저 유입되고, 후에 묘제가 들어오고 있음을 설명해 주고 있다. 반면 길림시 일대는 기원전 4~3세기경 토광묘제가 먼저 유입되고 있으며,[280] 유물에는 서단산문화 전통이 아직 강하게 남아 있다.

277) 林　沄, 1993, 앞의 글.
278) 吳江原, 2000, 앞의 글, 50쪽.
279) 吉林省文物工作隊等, 1982,「通楡縣興隆山鮮卑墓淸理簡報」『黑龍江文物叢刊』 3期.
280) 이는 邢家店北山 고분군과 楊屯大海猛유적에서 토광묘가 사용되고 있다는 점에서 가장 잘 나타나고 있다.
　　吉林省文物考古硏究所, 1989,「吉林農安縣邢家店北山墓地發掘」『考古』 4期.
　　吉林市博物館, 1987,「吉林永吉楊屯大海猛遺址」『考古學集刊』 第5集.
　　吉林省文物工作隊等, 1991,「吉林永吉楊屯遺址第3次發掘」『考古學集刊』 第7集.

泡子沿文化		西岔溝式 古墳유적	
前 期	后期		
호			
1	2	3	4
관			
5	6	7	8
완			
9	10	11	
배			
	12 / 13	14	15

1·5·9. 포자연전산 2·6·10·12·13. 노하심유적 3·4·7·8·14·15. 서차구고분군 11. 석역고분군

〈삽도 111〉 서차구유형 고분유적과 포자연문화 출토 토기 비교

최근 들어 인류학적 접근방법으로 동북지역의 종족구성을 파악하려
는 연구가 활발히 진행되고 있다. 中橋孝博의 연구에 의하면 관마산 고분
출토 인골과 평양 고분 출토 인골에 대한 형태학적 분석결과 두 집단 간
에는 큰 차이가 있음이 밝혀졌다.[281] 이는 보산문화인과 송눈평원지역 한

---

281) 中橋孝博, 2002,「中國東北地域出土古人骨の形態學的硏究」『東北アツアにおける先史文化の比較
考古學的硏究』, 九州大學大學院人文科學硏究所.

서이기문화인들이 같은 계통의 종족이 아님을 증명하는 것으로, 앞으로 서차구유형 고분유적에 대한 인골 분석이 이루어지면, 이 유적의 사용집단에 대해 좀 더 구체적인 자료가 제시될 것이다.

서차구유형 고분유적은 문화내용상의 특징으로 볼 때, 당시 이 지역에서 보산문화를 영유하던 토착민들이 주변의 문화를 받아들여 새롭게 창조한 문화로 보기에는 어려움이 있으며, 유이민 집단이 이주해 온 결과로 보아야 타당할 것으로 생각된다. 서차구유형 고분유적을 조영한 집단은 문화내용상의 특징을 통해 볼 때, 서쪽에서 이 지역으로 이주해 온 북방초원계통의 종족일 가능성이 매우 높다.

서차구유형 고분유적이 만들어지는 기원전 2세기경은 동북지역에 있어 역사적 전환기였다. 기원전 3세기경 북방초원지역의 패자였던 흉노는 동호를 격파하고 그 세력을 동쪽으로 넓혀 나갔다. 흉노에 패한 동호는 두 갈래로 나뉘어 한 갈래는 북쪽의 선비산으로 이동하여 선비가 되었고, 다른 한 갈래는 동쪽의 오환산으로 이동하여 오환이 되었다. 이 시기에 눈강 하류지역에 기존의 한서이기문화보다 북방초원문화의 특징이 강하게 나타나는 평양 고분군 혹은 홍릉산 고분 등이 조영되고 있는데, 이는 당시 눈강 하류지역에 북방초원민족계통의 세력집단이 대량 유입

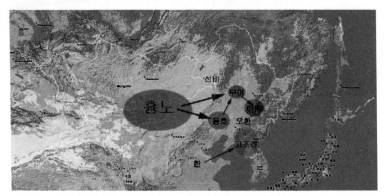

〈삽도 112〉 기원전 3~2세기 동북지역의 정세변화와 민족이동

되고 있음을 설명해 주고 있다.

당시 눈강 하류지역에 거주하던 한서이기문화인들은 북방초원민족이 동진하여 이 지역까지 세력을 확장하자, 일부 세력이 이를 피해 제이송화강을 따라 남하하게 된다. 당시 제이송화강 중류의 길림시 일대는 서단산문화를 영유하던 예맥족이 자리잡고 있었다. 이들은 고조선의 영향하에 있었고, 위만조선의 성립과 더불어 준왕이 남하하자 이들 세력중 일부도 한반도로 남하하게 됨으로써 제이송화강유역에서 예맥족의 세력이 위축되게 되고, 이 공백을 한서이기문화인들이 메우게 된다. 이 시기에 서단산문화가 소멸되고, 새로운 초기철기문화가 출현하고 있다는 점도 이와 같은 사실을 증명해 주고 있다. 길림시 일대에 새롭게 터를 잡은 한서이기문화인들은 부여를 건국하고, 이후 우리민족의 근간이 되고 있다.

당시의 국제적 정세로 볼 때, 서차구유형 고분유적의 조영집단은 오환이거나 부여일 가능성이 가장 높다. 필자 역시 현재로써는 서차구유형 고분유적의 조영집단이 어느 세력인지에 대해 확실한 답을 내릴 수가 없다. 다만 부여의 경우 길림시 일대에 국가를 성립한 초기 단계로 이 지역까지 세력을 확장했을 가능성에 대해서는 의문이 제기되며, 서차구유형 고분유적이 100년 정도 사용된 후, 그 주변지역에서 전혀 발견되지 않고 있다는 점 등을 통해 볼 때, 현재로써는 오환에 의해 조영된 무덤일 가능성에 무게를 두고 싶다.

다만 지금까지 길림시 일대에서 이 시기에 해당하는 부여의 유적이 발견된 예가 없는데, 아마도 서차구유형 고분유적과 문화 내용상에서 큰 차이가 없었던 것으로 추정할 수 있다. 현재 서차구유형 고분유적에 대한 자료가 너무 빈약한 관계로 사용집단을 밝히는 작업은 매우 어렵다고 할 수 있으며, 아마도 향후 이 지역에 대한 조사가 많이 진행되어 기초자료가 보충된다면 정확하게 밝혀질 것으로 기대한다.

맺음말

지금까지 송화강유역의 청동기문화와 초기철기문화 그리고 부여의 문화기원에 대해 살펴보았다. 위에서 살펴본 내용들을 정리하는 것으로 맺음말을 대신하고자 한다.

제1장 송화강유역 청동기문화에서는 먼저 서단산문화의 가장 중요한 문화지표인 석관묘를 통해 서단산문화의 특징과 문화기원 그리고 당시 동북지역 청동기문화의 문화전파 관계에 대해 살펴보았다. 서단산문화는 고대 동북아시아의 고대국가 성립에 있어 절대적인 자료를 제공해주고 있을 뿐만 아니라 한국 청동기문화의 계통적 연원을 이해하는데 있어 꼭 필요한 연구과제라 할 수 있다.

현재까지 조사된 서단산문화 석관묘 유적은 대략 100여 곳에 이르며, 이 중 조사가 이루어진 유적이 23곳, 발굴된 석관묘의 수량은 대략 400여 기에 이르고 있다. 중국의 서단산문화 유적에 대한 조사현황과 연구사는 1910~1948년까지를 맹아기, 1948~1962년까지를 발전기, 1976~현재까지를 완성기로 하여 3단계로 구분할 수 있다. 한국은 1990년대 들어 처음 중국자료가 소개되고 있으며, 2000년대에 들어서야 본격적인 연구가 진행되고 있다. 북한은 1980년대 중반부터 비파형단검문화를 중심으로 한 연구가 시작되고 있다.

석관묘의 특징으로는 대부분 나지막한 구릉 사면부에 분포해 있는 입지적 특징을 보이고 있으며, 분포양상은 길림시 일대를 중심으로 가장 많이 나타나고 있으며, 주변지역으로 갈수록 적어지고 있다. 방향은 능선의 등고선 방향과 대략 일치하며, 두향은 산 정상부를 향해 있다. 석관묘의 형식은 사용한 돌의 형태에 따라 판석식 석관묘·괴석식 석관묘·판괴혼축식 석관묘·간략식 석관묘 등으로 나눌 수 있으며, 매장방식은 절대다수가 앙신직지 단인일차장이다. 이밖에도 일부 석관묘 내부에서 장방형의 점토 테두리 흔이 확인되고 있어, 후기에는 목관이 사용되었을 가능성이 제기된다.

부장유물 중 가장 큰 특징은 돼지 뼈와 돼지 이빨의 부장을 들 수 있다. 표지적 유물로는 서단산유형 호·반월형석도·비파형동모와 선형동부를 들 수 있다. 일반적으로 여성묘에는 장식품 종류가 남성묘에는 무기류와 생산공구가 부장되어 있으며, 시기적으로는 전기에는 토기와 석기 위주이며, 중기는 소형 장식물을 중심으로 청동기가 일부 증가하고, 후기에 이르면 청동기의 종류와 수량이 대폭 증가하고 있다. 부장품의 배치는 머리와 목 부분에는 장식물이, 허리부분에는 생산공구와 무기류가, 발아래와 부관에는 생활용구를, 토기 내부와 덮개돌 상부에 다양한 종류의 돼지 뼈를 매납하고 있다.

석관묘의 기원은 이 지역의 선문화인 신석기시대 좌가산문화와 비교 분석해 볼 때 직접적인 영향력을 찾아보기 어렵고, 요동지역의 마성자문화에서 그 기원을 확인할 수 있다. 이 문화의 영향이 요북지역 석관묘 유적에 영향을 미치고, 다시 길림합달령을 따라 길림시 일대에 영향을 미쳐 서단산문화를 형성한 것으로 볼 수 있다. 서단산문화를 거친 석관묘는 다시 장광재령 일대와 제일송화강 건너 소흥안령 동록의 파언 일대까지 전파되고 있다.

다음으로 요동지역과 길림성 중부지역 출토 청동기에 대해 시간적 추이에 따른 변화양상을 살펴보았다. 요동지역에서는 70여 곳의 유적에서 대략 730여 점의 청동기가, 길림성 중부지역의 경우 17곳의 유적에서 170여 점의 청동기가 출토되었다. 두 지역의 출토 청동기의 시간적 변화양상을 살펴보기 위해 청동기와 공반 출토된 토기의 형식분류와 편년결과 등을 참고하여 유적을 전·중·후 3시기로 나누었다. 전기는 대략 기원전 10~9세기에 해당되며, 중기는 기원전 8~7세기, 후기는 기원전 5~3세기까지로, 이후 이 지역은 초기철기문화로 전환되고 있다.

　이러한 시간적 추이에 따라 양 지역에서 출토된 청동기의 변화양상을 비교해 보면, 요동지역은 전기부터 비파형동검·동촉·선형동부 위주의 유물조합을 갖추고 있는 반면, 길림성 중부지역은 비파형동모·선형동부·동도 위주의 청동기가 주를 이루고 있음을 알 수 있다. 또한 두 지역 청동기의 변화양상은 대략 일치하고 있는 것을 확인하였다. 이를 통해 볼 때, 요동지역과 길림성 중부지역 출토 청동기는 동일한 제작범위에 속해 있었던 것으로 파악할 수 있다. 다만 두 지역의 전체적인 문화내용을 통해 볼 때, 길림성 중부지역 청동기는 일부를 제외한 대부분이 요동지역 비파형동검문화의 영향을 받아 제작되었으며, 중원식 청동기 역시 요동지역을 통해 전파된 것으로 파악된다.

　제2장에서는 송화강유역 초기철기문화에서는 먼저 송화강유역에서 확인되고 있는 9개의 초기철기시대 문화유적 중 제이송화강 중류유역에서 확인된 유적을 중심으로 그 특징을 살펴보았다. 서단산문화의 중심지였던 제이송화강 중류지역은 기원전 4~3세기에 들어 초기철기문화가 주변지역으로부터 유입됨으로 인해 다양한 형태의 고고학문화가 형성되면서 문화 전환기에 접에 들게 된다. 중원지역의 철기문화는 기원전 5세기경 요동지역과 요서지역에 우선 전파되며, 요서지역의 철기문화는 다시 눈강 하류의 한서이기문화에 전파되고 있다. 요동지역의 경우 비교적 복잡한 전파경로를 보이고 있다. 철기문화가 유입되는 기원전 5~4세기경 요녕성 북부지역과 길림성 서남부지역은 양천-보산문화가 발전하고 있으며, 제이송화강유역은 서단산문화의 영향이 강하게 남아 있던 길림시 일대를 제외하고 주변지역부터 초기철기시대 문화가 유입되고 있다.

자연지형에 따라 각 지역 초기철기시대 문화의 특징을 살펴보면, 요북지역과 직접 연결되어 있는 길림합달령 일대는 일찍이 대개석묘를 대표로 하는 보산문화가 발달되어 있었고, 이 지역은 요동지역을 통해 늦어도 기원전 4세기경에 철기문화가 유입되고 있다. 보산문화는 점차 휘발하 중류유역으로 전파되면서 기원전 3세기경에는 이 지역에도 보산문화유형의 서황산둔 고분군이 만들어지게 되고, 고분군을 조영한 집단은 자연암반을 파내어 묘실과 묘도를 만든 형식의 수혈암석식 대개석묘를 사용하고 있으며, 중원의 철기문화요소와 더불어 묘실 바닥에 화수피를 깔아 관·곽을 대신하는 북방초원계통의 문화요소도 함께 수용하고 있다.

　　대흑산산맥 일대는 기원전 3세경에 보산문화의 영향을 받아 새로운 형태의 초기철기시대 문화유적이 만들어지고 있다. 이 지역은 평원지대와 산악지대가 교차하는 지역으로 이 지역의 유적들은 다른 지역에 비해 다양한 문화요소들이 내포하고 있다. 산맥의 가장 남쪽에 위치한 후석 고분에는 요북과 요서, 그리고 송눈평원지역이 모두 연결되는 지정학적 조건으로 인해 보산문화의 영향과 더불어 눈강하류의 한서이기문화 영향이 동시에 나타나고 있다. 대흑산산맥 중앙에 위치한 석립산, 관마산, 동가유적의 경우 지리적으로 음마하와 이통하를 통해 길림합달령과 이어져 있어 보산문화의 영향이 강하게 나타나고 있으며, 한서이기문화의 영향은 극히 일부에서만 보이고 있다.

　　제이송화강유역 하류인 덕혜와 농안지역은 넓은 평원지대로 문화내용면에서 길림합달령과 대흑산산맥 지역과는 차이를 보이고 있다. 이 지역은 한서이기문화 영향이 강하게 나타나고 있으며, 상대적으로 보산문화의 영향은 일부 토기에서만 나타나고 있다. 한서이기문화의 중심지인 눈강 하류유역은 기원전 5세기경 요서지역을 통해 중원의 철기문화를 받아 들였고, 다시 송화강을 따라 동쪽과 남쪽으로 전파되고 있다. 덕혜와 농안지역은 기원전 3세기경 한서이기문화의 문화요소가 유입되고, 역시 음마하와 이통하를 통해 보산문화의 문화요소가 일부 유입되어 새로운 형태의 초기철기문화인 형가점유형과 전가타자유형이 만들어지고 있다.

길림시 일대는 서단산문화의 중심지로 늦게까지 서단산문화의 영향이 남아 있으며, 기원전 4~3세기에 들어 평원지역과 인접한 지역에 위치한 대해맹유적과 학고동산유적에서 토광묘와 옹관묘 등 새로운 형태의 묘제가 나타나며, 주형기 등 한서이기문화의 영향을 받은 토기들이 출현하고 있다. 이 지역에 본격적으로 철기와 더불어 새로운 문화유형이 나타나는 것은 기원전 3세기 말에서 2세기 초이다. 보산문화의 영향을 받아 포자연식 토기가 만들어지고 있으며, 한식 철기가 보급되고, 한서이기문화의 토광묘제가 도입되는 등 다양한 형태의 문화요소가 유입되어 새로운 포자연문화가 만들어지게 된다.

기원전 2세기 초에 들어서면서 제이송화강유역은 대개석묘를 대표로 하는 보산문화 요소가 점차 소멸되고, 북방초원문화와 중원 한문화의 영향이 강하게 나타나고 있다. 보산문화의 소멸은 당시 요동지역을 중심으로 발전해 있던 대개석묘를 사용한 세력이 이미 쇠퇴하였음을 반영해 주는 것으로 볼 수 있다. 또한 이 시기에 접어들면서 지역간에 나타나던 문화적 차별성이 점점 사라지고, 문화 내용상에 점차 통일성이 나타나게 된다.

다음으로는 제이송화강의 지류인 휘발하유역과 길림합달령지역의 초기철기문화를 대표하는 대개석묘 유적을 통해 이 지역의 초기철기문화의 유입과정과 그 경로 등을 살펴보았다. 길림합달령 일대에서는 지금까지 모두 5곳의 대개석묘 유적이 발견되었으며, 이들 유적들은 휘발하 중류의 지류와 음마하 상류 일대의 길림합달령 주변에 밀집 분포되어 있으며, 연대는 대략 기원전 4~3세기대로 추정되고 있다.

유적들은 대부분 하천 주변의 지표에서 50~100m 사이의 나지막한 구릉 정상부에 입지해 있으며, 하나의 봉우리에 대개석묘 한 기씩 위치해 있다. 대개석묘는 수혈암석식과 수혈토광식 두 종류로 나눌 수 있으며, 이 지역에서는 주로 수혈암석식이 확인되고 있다. 다인, 다차, 화장이 주로 사용되며, 매장인수는 대형무덤의 경우 10인 내외, 소형무덤은 5인 내외가 매장되어 있다. 일부 무덤에는 자작나무껍질을 묘실 바닥에 깔고 있는데, 이는 북방초원지역의 문화요소라 할 수 있다.

출토유물은 모두 490점으로 이 중 장식품이 대부분을 차지하며, 청동기, 토기, 석기, 철기 순이다. 토기는 모두 협조사에 황갈색 무문계통이며, 명기가 사용되고 있다. 특징적으로 일부 토기의 구연부 혹은 동체부에 2개 혹은 4개의 돌기형태의 손잡이가 달려 있다. 청동기로는 세형동검, 촉각식동검, 도, 화살촉, 팔찌, 반지, 대롱, 동경 등이 출토되었으며, 청동기가 부장되어 있는 무덤들은 대부분 규모가 크고 부장품의 종류와 수량이 풍부한 무덤들에서만 출토되고 있다. 철기는 생산공구만 출토되고 있으며, 대부분 중원지역에서 수입되거나 모방한 것이다.

대개석묘 유적이 분포되어 있는 휘발하 중류지역은 기원전 6~5세기까지 서단산문화권에 속해 있었으나, 기원전 4~3세기에 들어서면서 동요하–휘발하 상류지역을 중심으로 하는 보산문화가 이 지역에 전파되면서, 문화내용상의 일대 변화가 나타나고 있다. 이로인해 이 지역은 보산문화권의 변두리에 속하게 되며, 지역적 특성을 지닌 문화유형으로 발전하고 있다. 전체적으로 기원전 5세기경 동요하–휘발하 상류 일대를 중심으로 한 지역은 중원의 철기문화 영향을 강하게 받게 되며, 이로 인해 이 지역에 대개석묘를 기반으로 하는 보산문화가 형성되게 된다. 이 후 보산문화는 그 주변지역으로 확대·전파되어 기원전 3세기경에 이르면 동요하 중류와 휘발하 중류, 심지어는 대흑산산맥을 따라 제이송화강유역까지 영향을 미치게 된다. 다만 서단산문화의 중심지였던 길림시 일대의 경우 서단산문화의 영향이 늦게까지 남아 있으며, 기원전 3세기 말 혹은 기원전 2세기 초에 이르러 포자연문화로 대체되게 된다.

제3장 부여의 문화기원과 관련하여 부여의 출자인 탁리국의 중심지로 추정되는 흑룡강성 빈현 일대의 경화성지와 그 주변유적의 특징을 통해 부여의 문화기원에 대해 살펴보았다. 제일송화강 중류지역의 초기철기시대 문화유적으로는 경화성지를 비롯하여 노산두유적, 왕팔발자성지유적, 성자산보루, 성자구보루, 황대성자산보루 등이 확인되었다. 이들 유적은 대부분 성곽유적으로 경화성지의 경우 중형에 해당되며, 기타 성지는 모두 보루에 해당된다. 성의 평면은 모두 타원형이며, 토축과 토석혼축이 함께 이용되고 있다.

경화성지 주거지와 출토유물은 대부분 부여 성립 이전 시기에 해당되는 것으로, 부여와는 직접적으로 관련이 없는 것으로 추정되며, 분석결과 이 유적은 부여의 출자인 탁리국의 소재지와도 무관한 것으로 판단된다. 또한 이 지역이 부여의 세력범위 안에 포함된 이후에도 문화내용상에서는 별다른 변화없이 부여가 멸망하기 이전까지 이러한 유형의 문화내용이 지속된 것으로 볼 수 있다. 즉 부여의 중심문화가 지방으로 전파되기 위해서는 일정 시간이 경과되어야 한다는 점, 대부분 선진적인 요소만이 수용된다는 점을 감안하면, 이 지역 출토유물에 나타나고 있는 토착적인 경향은 아주 정상적인 것으로 파악할 수 있다. 또한 이러한 문화양상은 당시 부여 중심지역의 문화와 지방의 문화 사이에 존재하는 문화적 차이를 보여주는 단적인 예라고 할 수 있으며, 이는 부여의 정치체가 연맹체적 국가단계였다는 점에서 더욱 쉽게 이해할 수 있다.

결론적으로 경화성지유적은 초기철기시대부터 이 지역의 중심지로 부여의 세력범위에 포함된 이후에는 정치적 · 군사적 중진으로 읍루의 남하를 막는 전초기지 역할을 담당했던 것으로 추정된다. 기타 보루들은 경화성지를 방어하는 목적과 제일송화강을 통제하는 목적으로 세워진 것으로 볼 수 있다.

다음으로 부여의 남부지역에 해당하는 서풍과 요원 일대에서 발견된 서차구유형 고분유적을 통해 이 지역에 중원지역과 북방초원지역의 문화가 어떠한 경로로 유입되고 발전되고 있는지 살펴보았다. 서차구유형 고분유적에는 세 계통의 문화요소가 내재되고 있는데, 토광목곽(관)묘의 사용, 단인일차장, 태토에 가는 모래가 섞이고 표면이 마연되어 있으며, 다양한 종류의 문양이 새겨진 토기, 동물문양 패식과 동복, 촉각식 동병철검 등은 북방초원문화의 요소라 할 수 있다. 토착문화 요소로는 태토에 굵은 모래가 섞인 갈색 무문계통의 토기를 들 수 있으며, 중원 한식문화 요소로는 현문 혹은 승문이 장식된 니질 회색토기·동경·동모·동전·원주식 동병철검 등 대다수의 철기를 들 수 있다. 서차구유형 고분유적에 이처럼 다양한 문화요소가 나타나고 있는 것은 서쪽은 송눈평원, 남쪽은 요하평원과 이어져 있어 문화접촉이 용이한 자연·지리적 조건과 당시의 동북지역에 일고 있던 활발한 문화교류 현상에 기인하고 있다.

서차구유형 고분유적의 조영집단에 대해서는 주변지역에서 유이민 집단이 이동해 와 토착세력을 밀어내고 새로운 유형의 고고학문화를 조성하였을 가능성과 기존에 이 지역에 살고 있던 토착민들이 주변의 외래 문화요소를 흡수하여 새로운 고고학문화를 창조하였을 가능성으로 나눌 수 있다. 기왕의 서차구식 고분유적의 사용집단에 대한 연구는 첫 번째 가능성에 초점이 맞추어져 있었다. 이로 인해 '흉노설'·'오환설'·'선비설'·'부여설' 등 다양한 견해들이 제기되었다. 서차구유형 고분유적은 문화내용에 대한 분석결과와 당시의 국제적 정세로 볼 때, 서차구유형 고분유적의 조영집단은 오환이거나 부여일 가능성이 가장 높으며, 현재로써는 오환세력에 의해 조영된 무덤일 가능성이 가장 높다고 할 수 있다. 부여 초기의 유적 역시 서차구유형 고분유적과 문화내용상에서 별

다른 차이가 없었던 것으로 추정할 수 있다.

　마지막으로 지금까지 송화강은 중국 동북지구의 역사와 문화를 이해하는데 있어 매우 중요한 가치를 지니고 있었음에도 불구하고 연구에 별다른 진전이 없었다. 이 글을 통해 학계에서 이 지역에 대해 더 많은 관심을 가질 수 있는 계기가 되었으면 하고, 더불어 부여에 대한 연구가 더욱 활성화되어 하루빨리 우리 민족사의 확실한 뿌리로 자리 잡기를 기대한다.

참고문헌

‖ 史 料 ‖

『三國史記』

『三國遺事』

『後漢書』

『三國志』

『晉書』

『魏書』

‖ 국문 ‖

1. 단행본

박진욱, 1987, 『비파형단검문화에 대한 연구』, 과학,백과사전출판사.

송호정, 1999, 『고조선 국가형성 과정 연구』, 서울대학교 박사학위논문

이종수, 2004, 『夫餘文化硏究』, 吉林大學 박사학위논문.

정대영, 2002, 『中國東北地區靑銅器時代石棺墓遺蹟的考古學的硏究』, 中國社會科學院 박사학위논문.

하문식, 1999, 『고조선지역의 고인돌 연구』, 백산자료원.

2. 논문

노혁진, 2001, 「점토대토기문화의 사회성격에 대한 일고찰」『한국고고학보』45.

박상빈, 1996, 「중국동북지방의 西團山文化硏究」, 檀國大 대학원 석사학위논문.

복기대, 2005, 「馬城子文化에 대한 몇 가지 문제」『先史와 古代』22, 韓國古代學會.

오강원, 2000, 「中滿地域의 初期鐵器文化=泡子沿式文化의 成立과 展開樣相」『轉換期
　　　　의 考古學Ⅲ』, 제33회 韓國上古史學會학술발표대회문집.

오강원, 2002, 「요령-서북한지역 중세형동검에 관한 연구」『청계사학』16·17.

오강원, 2004, 「요녕지역의 청동기문화와 지역간 교섭관계」『동북아시아선사 및
　　　　고대사 연구의 방향』, 학연문화사.

이건무, 1994, 「遼寧式銅矛에 대하여」『이기백선생 고희기념 한국사학논총』(상),
　　　　일조각.

이종선, 1976, 「韓國 石棺墓의 연구-東北亞 石棺墓 文化의 傳統-」『韓國考古學報』1,
　　　　한국고고학회.

이종선, 1993, 「세형동검문화의 지역적 특성」『한국상고사』Ⅱ.

이종수, 2007, 「西團山文化 石棺墓의 特徵과 起源에 대하여」『先史와 古代』28, 한국고
　　　　대학회.

이종수, 2005, 「松花江流域 初期鐵器時代 文化 硏究Ⅱ -西荒山屯 고분군을 중심으로-」
　　　　『先史와 古代』22, 韓國古代學會.

이종수, 2004, 「松花江流域 初期鐵器文化 硏究Ⅰ-경화성지를 중심으로-」『博物館紀
　　　　要』19집, 檀國大學校 博物館.

이종수, 2001, 「吉林省 中部地域 初期鐵器時代 文化遺蹟 硏究」『百濟文化』30집, 공주대
　　　　학교 百濟文化硏究所.

이청규, 2004, 「철기시대 전기의 중국 동북과 한반도의 금속문화 -세형동검문화를
　　　　중심으로-」『동북아시아 선사 및 고대사 연구의 방향』, 학연문화사.

이청규, 1999, 「동북아지역의 다뉴경과 그 부장묘에 대하여」『한국고고학보』40.

이청규, 1982, 「세형동검의 형식분류 및 그 변천에 대하여」『한국고고학보』13,

한국고고학회.

정상석, 1997, 「西團山文化와 初期夫餘」, 동아대 대학원 석사학위논문.

최몽룡, 2004, 「부천 고강동 유적 발굴을 통해 본 청동기시대, 철기시대 전기와 후기의 새로운 연구방향」『先史와 古代의 儀禮考古學』, 제1회 부천 고강동 선사유적 국제학술대회 자료집.

최무장, 1994, 「濊貊族의 西團山文化論」『민족문화의 제문제』, 우강권태원교수정년기념논총.

최무장, 1992, 「濊貊과 西團山文化」『韓國史學論叢』上, 수촌 박영석교수화갑기념논총 간행위원회.

하문식, 2004, 「중국 동북지역 청동기시대 동굴유적-태자하 상류지역을 중심으로」『우리나라 선사시대의 동굴유적과 문화』, 2004년 연세대학교 박물관 추계 학술세미나 자료집.

하문식, 1998, 「요녕지역 고인돌의 출토유물 연구」『先史와 古代』 11집, 한국고대학회.

하문식, 1998, 「중국 길림지역 고인돌 연구」『한국상고사학보』 27. 한국상고사학회.

김동일, 1988, 「돌관무덤에 대하여」『조선고고연구』1,

김용간 · 황기덕, 1967, 「기원전 천년기전반기의 고조선문화」『고고민속』 2기.

리병선, 1966, 「압록강 및 송화강 중 · 상류 청동기시대문화와 그 주민」『고고민속』 3.

박진욱, 1988, 「길림 · 장춘 지방의 좁은놋단검관계 유적유물의 성격(2)」『조선고고연구』 1.

박진욱, 1988, 「고조선 후기문화」『조선고고학전서-고대편』, 과학백과사전출판사.

박진욱, 1987, 「길림 · 장춘 지방의 좁은놋단검관계 유적유물의 성격(1)」『조선고고연구』 3.

황기덕, 1986, 「길림, 장춘 지방 비파형단검문화의 연대에 대하여」『조선고고연구』 3.

‖ 외국문 ‖

1. 중국

(1) 조사보고서

賈蘭波, 1950,「吉林西團山石棺墓發掘」『科學通報』1-8.

康家興, 1955,「吉林兩半山發現新石器時代文化遺址」『考古通迅』4.

康家興, 1956,「吉林省樺甸二道甸子發現石棺墓」『考古通迅』5.

匡　瑜, 1964,「吉林蛟河縣石棺墓淸理」『考古』2.

耿鐵華·王志敏·李魁星, 1989,「柳河縣一統河流域的原始文化遺址」『博物館研究』1.

金旭東, 1991,「1987年吉林東豊南部蓋石墓調査与淸理」『遼海文物學刊』2.

段一平·李蓮·徐光輝, 1985,「吉林市騷達溝石棺墓整理報告」『考古』10.

東北考古發掘團, 1964,「吉林西團山石棺墓發掘報告」『考古學報』1.

吉林大學歷史係文物陳列室, 1960,「吉林西團山子石棺墓發掘記」『考古』4.

吉林省文物考古硏究所·吉林市博物館, 1993,「吉林猴石山遺址第二次發掘」『考古學報』3.

吉林省文物考古硏究所, 1996,「吉林省九台董家遺址發掘簡報」『博物館研究』3.

吉林省文物考古硏究所, 1991,「吉林九台市石砬山·關馬山西团山文化墓地」『考古』4.

吉林省文物工作隊, 1985,「吉林舒蘭黃魚圈珠山遺址淸理簡報」『考古』4.

吉林省文物工作隊, 1984,「吉林磐石吉昌小西山石棺墓」『考古』1.

吉林省文物工作隊 等, 1982,「吉林樺甸西荒山屯靑銅短劍墓」『東北考古與歷史』1.

吉林省文物工作隊, 1980,「吉林長蛇山遺址的發掘」『考古』2.

吉林省博物館·吉林大學考古專業, 1985,「吉林市騷達溝山頂大棺整理報告」『考古』10.

吉林市博物館, 1990,『吉林市文物·博物馆志』, 吉林市文化局文化艺術志编輯部.

吉林市博物館, 1985,「吉林市泡子沿前山遺址和墓葬」『考古』6.

吉林市博物館, 1984,「吉林市郊二道水庫狼頭山石棺墓之發掘簡報」『北方文物』4.

吉林市博物館, 1983,「吉林口前藍旗小團山, 紅旗東梁崗石棺墓淸理簡報」『文物』9.

吉林市博物館, 1957,「吉林江北土城子古文化遺址及石棺墓」『考古學報』1.

吉林市博物館 等,「吉林永吉星哨石棺墓第三次發掘」『考古學集刊』第3集.

吉林市文物管理委員會 等, 1978,「永吉星哨水庫石棺墓及遺址調查」『考古』3.

吉林地區考古短訓班, 1980,「吉林猴石山遺址的發掘」『考古』2.

酈 明, 1987,「永吉縣黃榆小城子石棺墓」『博物館研究』1.

武保中, 1989,「吉林公主嶺猴石古墓」『北方文物』4.

撫順市博物館, 1981,「遼寧撫順市發現青銅短劍」『考古』5.

撫順市博物館考古隊, 1983,「撫順地區早晚兩類青銅文化遺存」『文物』9.

裴躍軍, 1989,「遼寧昌圖縣發現戰國, 漢代青銅器及鐵器」『考古』4.

徐家國, 1983,「遼寧撫順市甲邦發現石棺墓」『文物』5.

瀋陽故宮博物館等, 1975,「瀋陽鄭家洼子的兩座青銅時代墓葬」『考古學報』1.

瀋陽市文物工作組, 1964,「瀋陽地區出土的青銅短劍資料」『考古』1.

瀋陽市文物工作站, 1964,「瀋陽地區出土的青銅短劍資料」『考古』1.

梁志龍, 1992,「遼寧本溪劉家哨發現青銅短劍墓」『考古』4.

王禹浪 等,「拉林河流域考古調查報告」『東北史研究動態』第5期.

旅順博物館, 1960,「旅順口區後牧城驛戰國墓清理」『考古』8.

旅順博物館 等, 1982,「遼寧長海縣上馬石青銅時代墓葬」『考古』6.

遼陽市文物管理所, 1977,「遼陽二道河子石棺墓」『考古』5.

遼陽市文物管理所, 1983,「遼陽市接官廳石棺墓群」『考古』1期.

劉法祥, 1960,「吉林省永吉縣旺起屯新石器時代石棺墓發掘簡報」『考古』7.

魏海波, 1987,「遼寧本溪發現青銅短劍墓」『考古』2.

李洵, 1987,「1948·1949年西團山發掘記錄整理」『西團山考古報告集』, 江城文博總刊第一輯.

魏海波, 梁志龍, 1998,「遼寧本溪縣上堡青銅短劍墓」『文物』6.

張永平·于嵐, 1993,「磐石縣梨樹上屯西山竪穴巖石墓」『博物館研究』2.

張志立·王洪峰, 1982,「磐石縣汶水後山石棺墓清理簡報」『文物考古匯編』, 吉林省文物工
作隊내부자료.

長春市文物管理委員會辦公室編, 1988,「雙陽孤頂山石棺墓清理及遺址調查簡報」『長春文物』2.

張忠培, 1964,「吉林兩半山遺址發掘報告」『考古』1,

中國社會科學院考古研究所, 1989, 「瀋陽肇工街和鄭家洼子遺址的發掘」『考古』10.

清原縣文化局, 1982, 「遼寧淸原縣近年發現一批石棺墓」『考古』2.

清原縣文化局, 1981, 「遼寧淸原縣門臉石棺墓」『考古』2.

許明綱, 1993, 「大連市今年來發現青銅短劍及相關的新資料」『遼海文物學刊』1.

許彦文, 1984, 「吉林雙陽萬寶山石棺墓」『黑龍江文物叢刊』3.

許玉林・趙連春, 1984, 「丹東地區出土的青銅短劍」『考古』8.

洪　峰, 1985, 「吉林省輝發河上流地區原始文化簡析」『北方文物』3.

黑龍江省文物考古研究所, 1990, 『平壤墓葬』, 文物出版社.

(2) 저서

賈敬顔, 1993, 『東北古代民族古代地理叢考』, 中國社會科學出版社.

干志耿・孫秀仁, 1982, 『黑龍江古代民族史綱』, 黑龍江省文物出版社.

國家文物局 主編, 1993, 『中國文物地圖集-吉林分冊一』, 中國地圖出版社.

國家文物局主編, 1993, 『中國文物地圖集-吉林分冊一』, 中國地圖出版社.

吉林省地方志編纂委員會 編, 1994, 『吉林省志卷43-文物志一』, 吉林人民出版社.

吉林市博物館, 1990, 『吉林市文物・博物館志』, 吉林市文化局文化艺術志編輯部,

金毓黻, 1977, 『東北通史』, 社會科學戰線雜志社.

譚其驤 主編, 1988, 『中國歷史地圖集-釋文匯編・東北卷』, 中央民族學院出版社.

譚英杰 等, 1991, 『黑龍江地域考古學』, 社會科學出版社.

佟冬 編, 1987, 『中國東北史』, 吉林文史出版社.

董萬侖, 1987, 『東北史綱要』, 黑龍江人民出版社.

董學增, 1993, 『西團山文化研究』, 吉林文史出版社.

潘玲, 2003, 『伊沃爾加城址和墓地及相關匈奴考古問題研究』, 吉林大學博士學位論文.

孫進已, 1987, 『東北民族原流』, 黑龍江人民出版社.

孫進已・馮永謙, 1989, 『東北歷史地理』1・2, 黑龍江人民出版社.

王綿厚, 1994, 『秦漢東北史』, 遼寧人民出版社.

王綿厚, 2000, 『東北古族古國古文化研究』中卷, 黑龍江教育出版社.

王綿厚・李健才, 1990,「東北古代交通」, 瀋陽出版社.

王禹浪, 2000,『東北古族古國古文化研究』下卷, 黑龍江教育出版社.

李建才, 1986,『東北史地考略』, 吉林文史出版社.

李建才, 1995,『東北史地考略(續集)』, 吉林文史出版社.

李建才, 2001,『東北史地考略(第三集)』, 吉林文史出版社.

張博泉, 1985,『東北地方史稿』, 吉林大學出版社.

張博泉・魏存成 主編, 1997,『東北古代民族・考古與疆域』, 吉林大學出版社.

張碧波, 2000,『東北古族古國古文化研究』上卷, 黑龍江教育出版社.

宁夢辰, 1999,『東北地方史』, 遼寧大學出版社.

傳朗云・楊陽, 1983,『東北民族史略』, 吉林人民出版社.

程妮娜, 2001,『東北史』, 吉林大学出版社.

趙賓福, 2003,『東北石器時代考古』, 吉林大學出版社.

中國大百科全書出版社 編輯部, 1991,『考古學辭典』, 智識出版社.

中國大百科全書出版社 編輯部, 1986,『中國大百科全書-考古學-』, 中國大百科全書出版社.

何賢武・王秋華 主編, 1993,『中國文物考古辭典』, 遼寧科學技術出版社.

(3) 논문

賈蘭波, 1963,「西團山人骨的研究報告」『考古學報』2.

喬　梁, 1993,「西團山文化之後的幾種文化遺存」『遼海文物學刊』2.

金旭東, 1993,「西團山文化辨析」『青果集』, 智識出版社.

金旭東, 1992,「東遼河流域的若干種古文化遺存」『考古』4기.

靳維柏, 1988,「關于鮮卑早期文化的再認識」『北方文物』3期.

佟柱臣, 1955,「吉林的新石器時代文化」『考古通迅』2.

佟柱臣, 1959,「吉林省新石器文化的三種類型」『考古學報』3.

董學增, 1983a,「關于西團山文化的新資料」『黑龍江文物叢刊』4.

董學增, 1983b,「試論吉林地區西團山文化」『考古學報』4.

董學增, 1985a,「略談西團山文化及其與遼東青銅文化的異同」『遼寧省丹東・本溪地區考古

學術討論會文集』.

董學增, 1985b, 「試論西團山文化所反映的社會性質」『遼寧省丹東·本溪地區考古學術討論會文集』.

董學增, 1987a, 「西團山文化的東界在張廣才嶺南端威虎嶺以西的新證」『博物館研究』 3.

董學增, 1987b, 「試論西團山文化人們的埋葬習俗」『考古』 6.

董學增, 1991a, 「西團山文化的西界在伊通河與東遼河流域的新證」『博物館研究』 1.

董學增, 1991b, 「試論西團山文化的裝飾品」『考古』 9.

董學增, 1992a, 「西團山文化分布的南界地域在輝發河·飲馬河·伊通河上流」『西團山文化學術論文集-江城文博總刊第三輯』, 吉林市博物館.

董學增, 1987, 「關于我國東北係"觸角式"劍的討論」『中國考古學會第六次年會論文集』.

董學增·李樹田, 1984, 「略談西團山文化的族屬問題」『東北師大學報』 2.

武國勛, 1992, 「西團山文化不是肅慎文化」『西團山文化學術論文集-江城文博總刊第三輯』, 吉林市博物館.

孫守道, 1957, 「西岔溝古墓群被掘事件的教訓」『文物參考資料』 1期.

孫守道, 1960, 「"匈奴西岔溝文化"古墓群的發現」『文物』 8·9期.

孫守道, 1993, 「再論"匈奴西岔溝文化"古墓群的文化內涵·族屬及國別問題」『內蒙古文物考古』 1·2期.

孫守道, 1995, 「西岔溝古墓群西漢銅鏡斷代研究」『遼海文物學刊』 1期.

宋玉彬, 1989, 「試論星星哨墓葬的分期」『博物館研究』 3.

潘其風·韓康信, 1985, 「吉林騷達溝石棺墓人骨的研究」『考古』 10.

嚴長錄, 1994, 「夫餘의 遺迹과 遺物」『民族文化의 諸問題』, 세종문화사.

王禹浪, 2002, 「北夷"索離"國及夫餘初期王城新考」『高句麗研究』 14集, 高句麗研究會.

王 巍, 2004, 「雙房遺存研究」『慶祝張忠培先生七十歲論文集』, 科學出版社.

劉景文, 1983, 「西團山文化墓葬類型及發展序列」『博物館研究』 1.

劉景文, 1983, 「西團山文化經濟形態初探」『黑龍江文物叢刊』 1.

劉景文, 1984, 「試論西團山文化中的青銅器」『文物』 4.

劉景文, 1991, 「西團山文化的農牧業發展探索」『北方文物』 2.

劉景文·張志立, 1985,「西團山文化及其族屬」『北方文物』2.

劉升雁, 1983,「東遼縣石驛公社古代墓群出土文物」『博物館研究』3期.

劉升雁, 1985,「東遼縣石驛公社古墓群出土文物的研究」『博物館研究』1期.

劉振華, 1982,「試論吉林西團山文化晚期遺存」『東北考古與歷史』1.

李健才, 1986,「關于西團山文化族屬問題的檢討」『東北史地考略』, 吉林人民出版社.

李文信, 1937,「吉林龍潭山遺蹟報告1·2·3」『滿洲史學』第1卷2号·第3号·第2卷2号.

李文信, 1946,「吉林市附近之史蹟与遺物」『历史与考古』1, 沈阳博物馆.

李文信, 1992,『李文信考古文集』, 遼宁人民出版社.

林 沄, 1993,「西岔溝型銅柄鐵劍與老河深·彩嵐墓地的族屬」『馬韓百濟文化』제13집, 圓光大學校 馬韓百濟文化研究所.

林 沄, 1980,「中國東北系銅劍初論」『考古學報』2기.

張萬鑫, 1992,「試論吉林地區原始文化中的居住習俗」『西團山文化學術論文集-江城文博總刊第三輯』, 吉林市 博物館.

張錫瑛, 1986「試論騷達溝山頂大棺的文化性質」『考古』6.

張錫瑛, 1984,「試論我國北方和東北地區的"觸角式"劍」『考古』8期.

張立明, 1986,「吉林泡子沿前山遺址及其相關問題」『北方文物』2.

張忠培, 1963,「吉林市郊古代遺址的文化類型」『吉林大學社會科學學報』1.

張忠培, 1964,「吉林市郊古代遺址的文化類型」『吉林大學社會科學學報』1.

田 耘, 1984,「西岔溝古墓群族屬問題淺析」『黑龍江文物叢刊』1期.

鄭君雷, 1997,『中國東北地區漢墓研究』, 吉林大學博士學位論文,

趙賓福, 2007,「雙房文化靑銅器的型式學與年代學研究」『오르도스 청동기문화와 한국의 청동기문화』, 한국고대학회 춘계국제학술대회 발표요지문.

趙賓福, 2008,「以陶器爲視角的雙房文化分期研究」『考古與文物』1기.

趙承澤, 1983.「星星哨石棺墓織物殘片的初步探討」『考古學集刊』3.

朱永剛, 1991,「西團山文化墓葬分期研究」『北方文物』3.

朱永剛, 1994,「西團山文化源探索」『遼海文物學刊』1.

朱永剛, 2002,「吉林省及相隣地區出土銅劍的聚類分析-兼論東北系銅劍的區系與流變」

『邊疆考古硏究』第一輯, 科學出版社.

曾　庸, 1961, 「遼寧西豊西岔溝古墓群爲烏桓文化遺迹論」『考古』6期.

陳　雍, 1993, 「西團山文化陶器的類型學與年代學硏究」『靑果集』, 智識出版社.

2. 日文

三上次男, 「滿洲國吉林團山子の遺迹」『人類學雜誌』54卷6號.

三宅俊彦, 1992, 「西團山文化の墓葬に關する硏究」『駒澤史學』44.

宮本一夫, 2002, 「東北亞地區觸角式銅劍的變遷」『邊疆考古硏究』第一輯, 科學出版社.

原田淑人,駒井和愛, 1931, 「牧羊城」『東方考古學叢刊』第2冊.

秋山進午, 1968, 「中國東北地方の初期金屬器文化の樣相(上)」『考古學雜誌』53-4.